M000266677

Puesta en Marcha de una SOFOM

Mario Loya

Puesta en Marcha de una SOFOM

Entidad No Regulada

Editorial Académica Española

Impresión

Información bibliográfica publicada por Deutsche Nationalbibliothek: La Deutsche Nationalbibliothek enumera esa publicación en Deutsche Nationalbibliografie; datos bibliográficos detallados están disponibles en internet en http://dnb.d-nb.de.

Los demás nombres de marcas y nombres de productos mencionados en este libro están sujetos a la marca registrada o la protección de patentes y son marcas comerciales o marcas comerciales registradas de sus respectivos propietarios. El uso de nombres de marcas, nombre de producto, nombres comunes, nombre comerciales, descripciones de productos, etc. incluso sin una marca particular en estas publicaciones, de ninguna manera debe interpretarse en el sentido de que estos nombres pueden ser considerados ilimitados en materias de marcas y legislación de protección de marcas y, por lo tanto, ser utilizadas por cualquier persona.

Imagen de portada: www.ingimage.com

Editor: Editorial Académica Española es una marca de
LAP LAMBERT Academic Publishing GmbH & Co. KG
Heinrich-Böcking-Str. 6-8, 66121 Saarbrücken, Alemania
Teléfono +49 681 3720-310, Fax +49 681 3720-3109
Correo Electronico: info@eae-publishing.com

Publicado en Alemania
Schaltungsdienst Lange o.H.G., Berlin, Books on Demand GmbH, Norderstedt,
Reha GmbH, Saarbrücken, Amazon Distribution GmbH, Leipzig
ISBN: 978-3-8484-7101-0

Imprint (only for USA, GB)
Bibliographic information published by the Deutsche Nationalbibliothek: The Deutsche Nationalbibliothek lists this publication in the Deutsche Nationalbibliografie; detailed bibliographic data are available in the Internet at http://dnb.d-nb.de.

Any brand names and product names mentioned in this book are subject to trademark, brand or patent protection and are trademarks or registered trademarks of their respective holders. The use of brand names, product names, common names, trade names, product descriptions etc. even without a particular marking in this works is in no way to be construed to mean that such names may be regarded as unrestricted in respect of trademark and brand protection legislation and could thus be used by anyone.

Cover image: www.ingimage.com

Publisher: Editorial Académica Española is an imprint of the publishing house
LAP LAMBERT Academic Publishing GmbH & Co. KG
Heinrich-Böcking-Str. 6-8, 66121 Saarbrücken, Germany
Phone +49 681 3720-310, Fax +49 681 3720-3109
Email: info@eae-publishing.com

Printed in the U.S.A.
Printed in the U.K. by (see last page)
ISBN: 978-3-8484-7101-0

PUESTA EN MARCHA DE UNA SOCIEDAD FINANCIERA DE OBJETO MÚLTIPLE, ENTIDAD NO REGULADA

MARIO LOYA CAMPUZANO

El inicio de operaciones de cualquier empresa es por demás escabroso y el de una SOFOM no es la excepción. En el presente trabajo, se detallan con precisión los puntos que deben ser vigilados desde su Constitución Legal hasta la primera dispersión profesional de crédito; sin olvidar, que existe un marco regulatorio y obligaciones legales que deben ser cumplidas al pie de la letra, y que de no ser así, ponen en alto riesgo la permanencia en el mercado de Financiera del Conchos.

El recurso más valioso de una empresa es el personal y Financiera del Conchos conocedor de ello, le apostó su éxito a la capacitación, tanto de su personal como del Consejo de Administración. La capacitación desarrollada estuvo basada en el proceso crediticio, la elaboración de los manuales y el procedimiento para descontar cartera ante Financiera Rural; en páginas interiores se describe en que consistió dicha capacitación y que método fue utilizado para dicho fin.

CONTENIDO

CONTENIDO DE FIGURAS

"FINANCIERA DEL CONCHOS, S.A. DE C.V., SOFOM, ENR"

1. INTRODUCCIÓN

El presente trabajo está estructurado en capítulos para poder incluir en él los elementos teóricos y metodológicos que me ayudaron a poner en marcha exitosamente la SOFOM del proyecto.

Durante la lectura de la presente tesina, el lector podrá apreciar los cambios ocurridos en la forma de percibir la Maestría en Prestación de Servicios Profesionales conforme transcurrieron los módulos; basta decir que inevitablemente y para bien, estos cambios influyeron fuerte y definitivamente en mí forma de capacitar, de acompañar al productor y de planificar mi trabajo profesional.

Dentro del cuerpo del presente trabajo, el lector encontrará los puntos básicos para la puesta en marcha de una SOFOM, la capacitación que se brindó para hacerle frente a problemas específicos y los resultados obtenidos a lo largo del acompañamiento brindado a Financiera del Conchos.

Como antecedente a la Constitución Legal de la figura jurídica SOFOM (Sociedad Financiera de Objeto Múltiple) y por ende de Financiera del Conchos, SA de CV, SOFOM, ENR, se tiene:

En México hubo una crisis muy importante en el año 1994, pero para el sector agropecuario empezó antes, en 1993. Esto hizo que muchas instituciones financieras en México se retiraran del sector; además derivó en una percepción negativa del mismo al que se le consideraba muy riesgoso; un inadecuado Marco Jurídico que generó incertidumbre; y una gran demanda por financiamiento no satisfecha.

La banca de desarrollo del Estado no asumía su verdadero papel de fomento y se quería dedicar al financiamiento comercial de empresas grandes, no obstante para eso están los bancos. Más aún, esto, derivó en actitudes de "no pago" y se formaron organizaciones de deudores para no pagar, lo que afectó mucho a la banca comercial y asustó a los inversionistas.

Aparte de lo anterior, si se le suma el tema de la globalización y la apertura comercial del sector agropecuario que se vivía en ese momento, la situación para el sector se veía difícil. No obstante, el retiro del sector agropecuario de las instituciones financieras más grandes, provocó un área de oportunidad que fue muy bien aprovechada por Banorte. Con el fin de contrarrestar las adversidades indicadas y aprovechar la coyuntura, el Banco estableció estrategias y reglas de operación claras y precisas.

Al ser sólo un banco que otorgaba financiamiento al medio rural; la actividad agropecuaria se vio bruscamente interrumpida ocasionando que los productores agropecuarios que contaban con créditos, el 90% cayera en cartera vencida, algunos reestructuraron sus adeudos bajo diferentes esquemas como los SIRECAS que propuso FIRA, otros mas entregaron en dación en pago sus garantías y los muchos no pagaron; este hecho reforzó la actitud de la banca comercial de vetar el crédito agropecuario.

En busca de una solución, el Gobierno Federal sacó diferentes programas de descuento al productor con cancelaciones de capital hasta del un 60%, entre los programas principales que implementó se puede mencionar al FOPYME, FINAPE y PUNTO FINAL.

El crédito agropecuario continuó muy restringido durante toda una década y nuevamente el Gobierno Federal al observar el éxito de Banorte quien continuaba con el financiamiento agropecuario y en busca de estimular al Sistema Financiero

Mexicano para que dispersara recursos económicos en el campo, el 18 de julio de 2006 se publicó en el Diario Oficial de la Federación el Decreto por el que se reformaron, derogaron y adicionaron diversas disposiciones en materia financiera, creando con ello la figura de Sociedad Financiera de Objeto Múltiple (SOFOM) y estableciendo que el otorgamiento de crédito, así como la celebración de arrendamiento financiero o factoraje financiero pueden realizarse en forma habitual y profesional por cualquier persona sin necesidad de requerir autorización del Gobierno Federal para ello.

Conforme al citado Decreto, las SOFOMs son todas aquellas sociedades anónimas que en sus estatutos sociales contemplen expresamente como objeto social principal la realización habitual y profesional de otorgamiento de crédito, celebración de arrendamiento financiero y/o factoraje financiero.

Asimismo, las nuevas figuras podrán ser reguladas y no reguladas. Las primeras serán todas aquellas que mantengan vínculos patrimoniales con instituciones de crédito o sociedades controladoras de grupos financieros de los que formen parte instituciones de crédito, en cuyo caso serán entidades financieras sujetas a la supervisión de la Comisión Nacional Bancaria y de Valores (CNBV) y su denominación social deberá incluir la expresión "Sociedad Financiera de Objeto Múltiple" o su acrónimo SOFOM, seguido de las palabras Entidad Regulada o "E.R." Por otra parte, las SOFOMs no reguladas serán aquellas en cuyo capital no participen, en los términos y condiciones antes señalados, cualquiera de las entidades antes mencionadas, ni estarán sujetas a la supervisión de la CNBV y su denominación social deberá incluir la expresión "Sociedad Financiera de Objeto Múltiple" o su acrónimo SOFOM, seguido de las palabras Entidad No Regulada o "E.N.R.".

Las SOFOMs tendrán ventajas fiscales y procesales. Respecto a los aspectos fiscales, se incorporan a dichas figuras dentro del concepto de "sistema financiero" a fin de que las mismas tengan el tratamiento fiscal correspondiente a las demás entidades financieras y que su cartera, como sucede con otros intermediarios, no compute para el cálculo del impuesto al activo. Por otra parte, respecto a las ventajas procesales, el contrato en el que se haga constar el crédito, el arrendamiento financiero o el factoraje financiero celebrado por una SOFOM, junto con el estado de cuenta certificado por el contador de la SOFOM correspondiente, será considerado título ejecutivo mercantil.

Cabe destacar que el artículo Décimo Quinto Transitorio de dicho Decreto, establece que las Sociedades Financieras de Objeto Múltiple (SOFOMs) se consideran Intermediarios Financieros Rurales (IFR) para los efectos de la Ley Orgánica de la Financiera Rural (LOFR). En función de lo anterior, y con el objeto de dar cumplimiento al mandato de la Institución establecido en el artículo Segundo de la LOFR se desarrolló el Programa de Financiamiento para SOFOMs.

Dado lo establecido en los dos párrafos anteriores, se identifican ventajas para que aquellas figuras que ya operan con la Financiera Rural, así como aquellas que serán clientes nuevas se constituyan como SOFOM y operen a través este programa y no como Entidades Dispersoras u otras figuras organizadas, éste es el caso de Financiera del Conchos; quien apoyará con créditos avíos y refaccionarios las cadenas productivas relacionadas al cultivo, comercialización e industrialización de nuez del centro del Estado de Chihuahua, específicamente las áreas de Camargo, San Francisco del Conchos, La Boquilla, La Cruz, Conchos, Saucillo, La Rosita y en Coyame.

Los actores de estas cadenas necesitan financiamiento para desarrollar sus actividades. Además de las instituciones financieras tradicionales como bancos, SOFOLES, SOFOMES, Gobiernos Federales y Estatales; los productores rurales, compradores y procesadores de nuez, reciben cada vez más financiamiento de otros actores con los cuales mantienen relaciones comerciales. Todos estos flujos de crédito y financiamiento entre los diversos actores de la cadena constituyen lo que se conoce como "financiamiento de las cadenas de valor".

2. CARACTERIZACIÓN DEL SUJETO SOCIAL

El presente documento recoge las experiencias y los debates mantenidos con el Sr. Ulises López durante el tiempo que le fueron brindados los servicios profesionales de Diagnóstico, Plan de Negocios, Incubación, Acompañamiento y Puesta en Marcha de Financiera del Conchos donde él funge como Presidente del Consejo de Administración y Director General.

La relación con Ulises López ha generado un espacio con cabida al diálogo que ha permitido compartir experiencias y obtener información sobre las mejores prácticas sobre el financiamiento rural, eficientando el proceso crediticio entre la SOFOM y los productores; esta relación ha motivado y contribuido a la formación de Ulises como un líder capaz de dirigir a su empresa por el camino del éxito, buscando ser una empresa modelo para futuros jóvenes emprendedores.

Ulises López es un joven emprendedor de 30 años, soltero, inteligente, activo y trabajador; cuenta con estudios de postgrado en el extranjero, le gustan las relaciones humanas, se relaciona con facilidad con funcionarios de alto nivel de Gobierno Estatal y Federal y con empresarios jóvenes como él. Procura que la relación sea directa como buscar una Vicepresidencia en el Consejo Nacional Agropecuario; fue el Presidente de la Expoalimentab 2008, participa de forma activa en CANACINTRA CHIHUAHUA. Recientemente le tomaron protesta como el líder estatal de la Pequeña Propiedad.

Su trabajo es dirigir al Grupo Conchos porque posee muchos conocimientos técnicos sobre la nuez. Su principal problema es que se da poco tiempo para administrar al grupo y no sabe ó no quiere delegar responsabilidades, quiere ser él y sólo él quien lleve las riendas del grupo Conchos el cual está formado por cuatro empresas integradas dentro de la cadena productiva de nuez, operando en el centro del Estado de Chihuahua, específicamente las áreas de Chihuahua,

Delicias, Camargo, San Francisco del Conchos, La Boquilla, La Cruz, Conchos, Saucillo, La Rosita y en Coyame.

Las empresas del grupo son:

a.- Comillas del Conchos S.P.R de R.L. de C.V. es la responsable de las huertas nogaleras propiedad del Grupo, producen aproximadamente 500 ton por año de nuez, la cual sirve como materia prima al Zar de los dulces.

b.- Zar de los Dulces S.P.R. de R.L. de C.V. su objetivo es la producción de nuez pelada, dulces de nuez y sus derivados.

c.- Visionaria de Chihuahua S.A. de C.V. su función es la comercialización de lo que produce el Zar de los Dulces.

d.- Financiera del Conchos S.A. de C.V. SOFOM, ENR.- La razón básica por la cual fue creada es la de otorgar crédito de avio a productores de nuez del área donde está ubicada Comillas del Conchos asegurando el pago del mismo con producto y de esta forma asegurar la materia prima para todo el año de la empresa Zar de los Dulces.

Con estas cuatro empresas se cubre la cadena productiva de nuez que va desde la producción, transformación, industrialización y comercialización cubriendo cuatro eslabones muy importantes de dicha cadena.

La Sociedad "Financiera del Conchos, S.A. de C.V., SOFOM, E.N.R." está constituida en póliza No. 4748 cuatro mil setecientos cuarenta y ocho, libro de registro de sociedades mercantiles numero uno, con fecha 9 nueve días del mes de julio de 2007 dos mil siete ante la Fe del Lic. Enrique Medina Reyes, Corredor Público No. Uno, Distrito Judicial Morelos, Estado de Chihuahua y Registrada en el Registro Público de Comercio, bajo el Folio mercantil electrónico 23777 * 10, inscrita el día 11 de Julio de 2007.

Financiera del Conchos cuenta con la fortaleza de sus estados financieros, sin embargo como debilidades tiene el no contar con controles establecidos, planeación estratégica, manuales y políticas internas bien establecidas, aún así, tiene algunas oportunidades de negocio en la región como una amplia demanda de financiamiento insatisfecha y nichos de mercado sin atender y que difícilmente otros Intermediarios Financieros o la Banca comercial o la Banca de desarrollo se interesarían por ellos. Además de contar con la amenaza de la competencia que siempre es buena, en este caso, beneficia a los productores y estimula a las empresas a innovar e implementar sistemas más eficientes.

3. PLANTEAMIENTO DEL PROBLEMA

Para lograr que Financiera del Conchos se posesione en el mercado, tenga éxito en la dispersión de crédito y conserve su sustentabilidad, tendrá que resolver los siguientes problemas que presenta actualmente:

- El personal no da seguimiento a la ejecución de las Políticas del Consejo claramente definidas en los estatutos, la misión, la visión y en la planificación estratégica.
- No cuenta con un proceso del crédito bien definido, ni con manuales de crédito, organización, control interno, código de ética y operación, implementados.
- No posee las herramientas necesarias para la toma de decisiones por parte del Consejo de Administración y de Ulises López.

4. OBJETIVOS

4.1. OBJETIVO GENERAL

El objetivo general del plan de negocios es analizar, determinar y evaluar la actual forma de operar de la SOFOM, para generar un documento que sirva de instrumento al Consejo de Administración y a Ulises López para la toma de decisiones y sobre todo como un instrumento de gestoría orientada y de apoyo para operar con éxito como un Intermediario Financiero; por lo tanto implica, capacitación y consultoría requeridas en el establecimiento de un proceso crediticio, implementación de un control interno y la elaboración de un plan estratégico.

4.2. OBJETIVOS ESPECÍFICOS

- Definir estrategias encaminadas a eficientar el desempeño de los órganos de gobierno de la Financiera del Conchos, principalmente en lo relacionado con planeación, toma de decisiones, ejecución, seguimiento y evaluación.
- Determinar estrategias para el fortalecimiento de los procesos operativos y administrativos que coadyuven a eficientar la colocación y recuperación de recursos, basados en los manuales operativos que Financiera del Conchos tendrá que formalizar e implementar.
- Definir acciones orientadas a lograr un mejor control de riesgo sobre los recursos que va a dispersar, desde su promoción hasta su cobranza y recuperación.
- Establecer medidas que ayuden a cumplir de manera rigurosa normas y políticas internas, así como disposiciones legales a las que esté obligada.
- Que continúe participando en el programa que Financiera Rural tiene establecido para las SOFOM.

- Lograr la renovación de la línea de crédito con Financiera Rural para que la empresa logre dispersar más créditos, implementando el crédito como herramienta de desarrollo.
- Capitalizar a la organización con recursos económicos de otras instituciones y organismos.

5. CONSIDERACIONES TEÓRICAS

5.1 MARCO GENERAL DE LA SOFOM EN MÉXICO

5.1.1 ANTECEDENTES

El 18 de julio de 2006 se publicó en el Diario Oficial de la Federación un decreto mediante el cual se reforman, derogan y adicionan diversas disposiciones en materia financiera, creando la figura de Sociedad Financiera de Objeto Múltiple (SOFOM).

Hasta antes de estas reformas, realizar operaciones de arrendamiento financiero y factoraje estaba reservado a empresas con autorización de la Secretaría de Hacienda y Crédito Público y sus actividades eran reguladas por la Ley General de Organizaciones y Actividades Auxiliares de Crédito, sus operaciones e información financiera estaban sujetas a la supervisión y vigilancia de la Comisión Nacional Bancaria y de Valores.

El artículo 87-B de la Ley General de Organizaciones y Actividades Auxiliares del Crédito, establece que el otorgamiento de crédito, así como la celebración de arrendamiento financiero o factoraje financiero podrán realizarse en forma habitual y profesional por cualquier persona sin necesidad de requerir autorización del Gobierno Federal para ello. Aquellas sociedades anónimas que, en sus estatutos sociales, contemplen expresamente como objeto social principal la realización habitual y profesional de una o más de las actividades que se indican en el párrafo anterior, se considerarán como sociedades financieras de objeto múltiple. Dichas sociedades se reputarán entidades financieras, que podrán ser:

I. Sociedades financieras de objeto múltiple reguladas, o
II. Sociedades financieras de objeto múltiple no reguladas.

Las sociedades señaladas en la fracción I anterior serán aquellas en las que, en los términos de esta ley, mantengan vínculos patrimoniales con instituciones de crédito o sociedades controladoras de grupos financieros de los que formen parte instituciones de crédito. Estas sociedades deberán agregar a su denominación social la expresión "sociedad financiera de objeto múltiple" o su acrónimo "SOFOM", seguido de las palabras "entidad regulada" o su abreviatura "E.R.". Las sociedades financieras de objeto múltiple reguladas estarán sujetas a la supervisión de la Comisión Nacional Bancaria y de Valores.

Las sociedades previstas en la fracción II de este artículo serán aquellas en cuyo capital no participen, en los términos y condiciones antes señalados, cualquiera de las entidades a que se refiere el párrafo anterior. Estas sociedades deberán agregar a su denominación social la expresión "sociedad financiera de objeto múltiple" o su acrónimo "SOFOM", seguido de las palabras "entidad no regulada" o su abreviatura "E.N.R.". Las sociedades financieras de objeto múltiple no reguladas no estarán sujetas a la supervisión de la Comisión Nacional Bancaria y de Valores.

5.1.2 PROCESO PARA LA CONSTITUCIÓN DE LA SOFOM

Para constituir una SOFOM, con los beneficios procesales, de los que actualmente gozan las arrendadoras financieras, empresas de factoraje y SOFOLES, sólo se requiere:

1) Constituirse como Sociedad Anónima ante Notario o Corredor Público, cumpliendo con los requisitos establecidos en la Ley General de Sociedades Mercantiles.
2) Tramitar ante la Secretaría de Relaciones Exteriores el nombre que habrán de dar a la sociedad.
3) Contemplar en los estatutos sociales expresamente como objeto social principal, la realización habitual y profesional de operaciones de crédito, y/o arrendamiento financiero, y/o factoraje financiero.

4) Agregar a su denominación "Sociedad Financiera de Objeto Múltiple", "Entidad No Regulada", o SOFOM, E.N.R.

5) Establecer la forma de administrar la Sociedad, ya sea, mediante un Consejo de Administración o un administrador único, definiendo facultades y obligaciones y otorgando los poderes necesarios para la conducción de la Sociedad.

6) Establecer la tenencia accionaria.

7) Darse de alta ante el SAT, como entidad financiera y obtener el RFC

8) Comunicar por escrito a la CONDUSEF la constitución de la SOFOM, a más tardar a los diez días hábiles posteriores a la inscripción del acta constitutiva correspondiente en el Registro Público de Comercio.

5.1.3. MARCO REGULATORIO Y NORMATIVO

Las Sociedades Financieras de Objeto Múltiple No Reguladas, están sujetas a la supervisión de la Comisión Nacional para la Protección y Defensa de los Usuarios de Servicios Financieros (CONDUSEF).

El crédito está regulado por una serie de leyes y normas que tienen un orden o jerarquía determinada.

1) Normas constitucionales.

Están dadas básicamente por la Constitución Política de los Estados Unidos Mexicanos, que es la norma más general que marca los principios fundamentales de la estructura jurídica nacional, las leyes que de ella emanan regulan aspectos más concretos de la actividad del crédito.

2) Normas Ordinarias o leyes:
- Ley General de Instituciones de Crédito
- Ley General de Organizaciones y Actividades Auxiliares del Crédito.
- Ley General de Títulos y Operaciones de Crédito.
- Ley para la Transparencia y Ordenamiento de los Servicios Financieros

- Ley General de Sociedades Mercantiles
- Ley de Protección y Defensa al Usuario de Servicios Financieros
- Ley del Impuesto sobre la Renta
- Ley del Impuesto Empresarial a Tasa Única
- Ley del Impuesto al Valor Agregado
- Ley del Seguro Social
- Ley Federal del Trabajo
- Código Civil del Distrito Federal
- Código de Comercio

3) Normas reglamentarias, como son:
- Circulares de la Comisión Nacional Bancaria y de Valores
- Circulares del Banco de México
- Circulares de la Secretaría de Hacienda y Crédito Público.
- Usos Bancarios y otras

4) Normas individualizadas, como:
- Sentencias
- Decisiones administrativas
- Contratos
- Convenios

Las obligaciones que tiene la SOFOM ante la CONDUSEF son las siguientes:

1) Una vez que la SOFOM ha sido registrada ante el Registro Público de la Propiedad, tiene 10 días hábiles para presentar el aviso ante la CONDUSEF, para que sea dada de alta ante este Organismo.

2) Deberá integrar la Unidad Especializada de Atención a Usuarios e informar a la CONDUSEF el nombre del responsable de la Unidad, días y horarios de atención al público, sucursales, etc., esto con el fin de atender las

16

quejas, reclamaciones y comentarios de los usuarios del servicio de la SOFOM.

3) Trimestralmente deberá rendir un informe en la página de la CONDUSEF, http://portalif.condusef.gob.mx/portalif/reune , a través del sistema **REUNE**, indicando la situación que guardan los trámites de quejas y reclamaciones atendidos por la Unidad Especializada de Atención a Usuarios. Se requiere usuario y contraseña para el acceso.

4) Los productos y contratos de adhesión que utiliza la SOFOM deberán ser registrados ante la CONDUSEF, http://portalif.condusef.gob.mx/reca a través del sistema **RECA**, quién les asignará una clave de autorización, misma que debe enunciarse en todos los contratos de la SOFOM. Se requiere usuario y contraseña para el acceso.

5) Las comisiones, gastos y otros que cobra la SOFOM deberán ser registrados en la página de la CONDUSEF, http://portalif.condusef.gob.mx/reco a través del sistema **RECO**. En este mismo sistema se debe registrar trimestralmente los saldos de cartera. Se requiere usuario y contraseña para el acceso.

6) Los contratos de crédito, pagarés, estados de cuenta, publicidad y otros, deben apegarse a lo establecido en la Ley para la Transparencia y Ordenamiento de los Servicios Financieros, que regula formas y contenidos de los mismos.

7) Los contratos de adhesión deberán observar, entre otros lo siguiente:
   a. Indicar el Costo Anual Total (CAT) del producto ofrecido.
   b. Indicar claramente sobre las comisiones que la SOFOM cobra a los acreditados.
   c. Indicar que para su operación, la SOFOM no requiere la autorización o permiso de la Secretaría de Hacienda y Crédito Público, ni está sujeta a la supervisión y vigilancia de la Comisión Nacional Bancaria y de Valores.
   d. Indicar el número de autorización para el contrato de adhesión que corresponda.

e. Indicar los datos de la Unidad Especializada de Atención a Usuarios.

f. Indicar teléfono, página de Internet y dirección de correo electrónico de la CONDUSEF, donde se pueden interponer las quejas de los usuarios.

g. Obtener la autorización por parte del usuario para consultar e investigar sobre su comportamiento crediticio ante las diferentes fuentes de información.

h. La entidad financiera deberá entregar o enviar al cliente el estado de cuenta de los créditos contratados.

8) La protección y defensa de los derechos e intereses del público usuario de los servicios que presten las SOFOMES, estará a cargo de la CONDUSEF.

9) En materia de Prevención de Operaciones Ilícitas, las SOFOMES estarán sujetas a las disposiciones de carácter general que emita la SHCP, escuchando la previa opinión del SAT.

10) La SOFOM no puede captar recursos del público.

5.1.4 VENTAJAS DE LA FIGURA SOFOM

Las principales ventajas procesales, fiscales y civiles que tienen las SOFOMES son:

5.1.4.1 Ventajas procesales

a) Los estados de cuenta certificados de las entidades financieras tienen el carácter de títulos ejecutivos, lo cual tiene como beneficios que el juicio se substancie en la vía ejecutiva mercantil y no por la vía ordinaria mercantil, lo cual permite que se pueda trabar embargo a favor de la entidad financiera, sin esperar tener una sentencia firme.

b) Las entidades financieras pueden ceder los derechos de créditos con garantía hipotecaria a otro intermediario sin necesidad de notificación al deudor, ni de escritura pública ni de inscripción ante el Registro Público de la Propiedad correspondiente, ello de conformidad con el Código Civil Federal y los Códigos Civiles de las Entidades Federativas. Esta facilidad permite la venta de cartera hipotecaria y el proceso de bursatilización de dicha cartera, en el que las Entidades Financieras, transfieren los créditos a un fideicomiso que, a su vez, emite certificados bursátiles con derechos sobre los flujos derivados del pago de tales créditos, lográndose el fomento del otorgamiento al financiamiento.

5.1.4.2 Ventajas fiscales

a) La cartera crediticia no es incluida para el cómputo del impuesto al activo.

b) Los intereses generados en transacciones de la cartera crediticia comercial con entidades financieras no causan el impuesto al valor agregado.

c) Deducibilidad de pérdidas por irrecuperabilidad de créditos (se consideran incobrables los créditos que no excedan en forma acumulada por cliente de $20,000; en los hipotecarios podrá deducirse el 50% al demandar el pago y el saldo de la cuenta al recibir pago del deudor o se remate la garantía que resulte insuficiente.

d) Por ser parte del Sistema Financiero Mexicano, las SOFOMES no están sujetas al Impuesto por Depósitos en Efectivo (IDE).

5.1.4.3 Ventajas civiles

a) El registro de los contratos en el Registro Público de la Propiedad, tienen tarifa baja por tratarse de una entidad financiera del Sistema Financiero Mexicano.

b) Los contratos pueden ser elaborados por Notario o Corredor Público.

Para obtener los beneficios fiscales y ser consideradas integrantes del sistema financiero, de acuerdo al artículo 8 de la LISR, además de que en sus estatutos contemplen la realización habitual y profesional de las actividades de crédito, arrendamiento financiero o factoraje financiero, dichas actividades deben representar al menos el 70% de sus activos totales o sus ingresos derivados de las mismas y de la enajenación o administración de los créditos otorgados representen al menos el 70%.

5.1.5 FUENTES DE FONDEO

La SOFOM tiene como fuentes de fondeo a:

1) Banca Comercial: Con 41 bancos regionales y nacionales.
2) Banca de Desarrollo: NAFIN, Banobras, Bancomext, Banjército, Bansefi y la Sociedad Hipotecaria Federal.
3) Emisión de Valores: Acciones, valores, papel comercial de la Bolsa Mexicana de Valores.
4) Diferentes organismos internacionales si la SOFOM se dedica a otorgar microcrédito en zonas de alta marginación: BID (Banco Internacional de Desarrollo), OIKOCREDIT, LOCFUND (Fondo en Moneda Local para Instituciones de Microfinanzas en Latinoamérica y El Caribe), y Fundación FORD, solo por mencionar algunos de ellos.
5) Organizaciones Auxiliares de Crédito: Uniones de crédito, SOFOLES, SOFIPOS, SOFOMES, Cajas Populares, Arrendadoras, etc.
6) Instituciones Gubernamentales: Financiera Rural, FIRA, FONAES, FINAFIM, FIFOMI.
7) Fondos y Fideicomisos Estatales. Fondos y fideicomisos propios de cada Estado.
8) Patrimonio propio de la Sociedad : Es el capital social con el que se constituyó la Sociedad.

La SOFOM deberá conocer y buscar las mejores condiciones de Fondeo en cuanto a tasa, plazo, forma de pago, garantías exigidas, capital mínimo de la Sociedad y apoyos otorgados.

Es importante conocer las reglas de operación de los Organismos participantes, ya que en ellas se especifican, las condiciones bajo las cuales opera con las SOFOMES, esto bajo diferentes figuras como Entidades Dispersoras, Intermediarios Financieros Rurales, Agentes Parafinancieros, Instituciones de Microfinanciamiento, dispersores de crédito, etc.

5.1.6 ESQUEMA DE OPERACIÓN CON LA FINANCIERA RURAL

La Financiera Rural se constituye como una de las mejores alternativas en la búsqueda de fuentes de fondeo, para operar como Intermediario Financiero Rural o Entidad Dispersora, ya que sus requerimientos del capital social de la empresa son los mínimos entre los organismos fondeadores,

5.1.6.1. Esquema SOFOM

Objetivo:

Otorgar financiamiento a aquellas Sociedades Financieras de Objeto Múltiple (SOFOMs) vinculadas al medio rural que otorguen créditos para contribuir en el cumplimiento del objetivo institucional de financiar las actividades productivas del sector de manera eficiente y auto sustentable.

Mercado Objetivo:

SOFOMs reguladas y no reguladas, vinculadas y enfocadas a una o múltiples actividades que se encuentran directamente relacionadas con el medio rural, que estén formalmente constituidas y que cumplan con los lineamientos y criterios generales de elegibilidad de la Financiera Rural.

Instrumentación:

Los tipos de financiamiento que la Financiera podrá ofrecer a las SOFOMs son los siguientes:

a) Crédito directo

Se formaliza mediante apertura de Crédito Simple, y su destino es el fortalecimiento de la infraestructura física y administrativa de la SOFOM para mejorar su operación. No se podrá destinar para la adquisición de bienes inmuebles, gasto corriente o sustitución de pasivos.

b) Crédito para generación y descuento de cartera

Se formaliza mediante la apertura de Crédito Simple, destinado para descuento de créditos de Avío, Simples y Refaccionarios. Para descuento de líneas revolventes, será mediante la formalización de un Crédito en Cuenta Corriente, para descuento de créditos de Avío Multiciclos (actividades de ciclo corto), Cuenta Corriente y Prendarios.

c) Plazo

Para los créditos directos, el plazo no deberá exceder al establecido en el producto de crédito Simple.

En el caso de créditos para la generación y descuento de cartera, se podrán realizar disposiciones hasta por un periodo de 3 años en clientes clasificados como nuevos y habituales, y hasta por 10 años, en clientes clasificados como preferentes; condicionando la disposición de recursos a partir del segundo año después de la contratación, a un proceso de revisión anual. Cuando la clasificación del cliente refiera a "Otros", el contrato de crédito considerará un plazo máximo de un año para realizar disposición al amparo del mismo.

En lo particular, las operaciones de crédito que se formalicen entre la SOFOM y sus clientes, los plazos serán de acuerdo a lo siguiente:

a. Para las líneas de generación y descuento de créditos de Habilitación o Avío tradicionales o Multiciclos y Prendarios, el plazo a descontar no podrá exceder de un año.

b. Para las líneas de generación y descuentos de créditos Simples y en Cuenta Corriente, el plazo máximo de los créditos a descontar será de hasta dos años.

c. Para las líneas de generación y descuento de créditos Refaccionarios, el plazo máximo de los créditos a descontar en el caso de SOFOMs reguladas será de seis años, en cualquier otro caso el plazo será de tres años.

d. Para las líneas de generación de Microcréditos el plazo máximo de cada disposición será de hasta 180 días.

e. El plazo máximo de los créditos Simples para reestructuras de crédito será de hasta cuatro años.

d) Tasa Activa

Para créditos directos a la SOFOM, se utilizará la misma tasa del crédito Simple que aplica para los acreditados directos de la Financiera. Para el descuento y generación de cartera se deberán atender los siguientes criterios:

SOFOMs reguladas: la tasa estará en función de la fortaleza financiera de cada SOFOM (nivel de capitalización, índice de cartera vencida, ROE y, experiencia).

SOFOMs no reguladas: las tasas de interés aplicables serán un punto porcentual por debajo de las tasas correspondientes para créditos directos en sus modalidades de Crédito Simple, Avío, Prendario o Refaccionario, en función del tipo de crédito a descontar y conforme a la clasificación de cada cliente (Nuevo, Preferente, Habitual y Otros), así como el nivel de cobertura de garantías, en su caso.

e) Comisiones

Por apertura o disposición. La que corresponda al nivel de la clasificación de cliente, según la tabla vigente al momento de celebrar la operación y a la operación a financiar.

Para los créditos directos, la comisión será por apertura.

En los créditos para generación y descuento de cartera, la comisión será por disposición y en el caso de descuento de Microcréditos la comisión será por apertura.

No se cobrará comisión o penalización por prepago. Adicionalmente, se aplicará la comisión por consulta a las Sociedades de Información Crediticia.

f) Garantías

Para créditos directos, se solicitarán garantías reales.

La principal garantía para las líneas de generación y descuento de cartera, es la cesión de derechos de los contratos y el endoso de los pagarés, relativa a los financiamientos otorgados a sus clientes, en los términos y condiciones determinados por la Financiera.

Las SOFOMs que tengan menos de tres años de intermediar financiamientos, deberán constituir un fondo de garantías líquidas conforme a lo siguiente:

SOFOMs reguladas: del 10% de los montos a disponer.

SOFOMs no reguladas: del 15% de los montos a disponer.

g) Seguros

En los créditos directos, cada SOFOM deberá adquirir un seguro contra daños y pérdidas, y entregar copia de la póliza del seguro o constancia de aseguramiento expedida y/o el documento que confirme el pago de las primas respectivas. Asimismo, la SOFOM no podrá cancelar dicha póliza o constancia sin previa autorización por escrito de la Financiera.

La Financiera, fungirá siempre y en forma única como beneficiario preferente en la parte correspondiente a los daños que pueden sufrir el bien o el producto financiado, así como las garantías correspondientes, ya sean parciales o produzcan la pérdida total de los mismos.

h) Apoyos especiales

Los financiamientos que otorguen las SOFOMs, podrán verse beneficiados por apoyos por constitución de garantías líquidas y de reducción de costos de transacción de acceso al crédito, ofrecidos por la Financiera u otras entidades públicas conforme a lo que establezcan las reglas correspondientes.

24

La Financiera podrá otorgar, a través de la Dirección General Adjunta de Fomento y Promoción de Negocios, apoyos para contratar servicios de capacitación y consultoría destinados al diseño (elaboración del diagnóstico, formulación del plan de negocios), incubación y fortalecimiento de las SOFOMs, desarrollando sus habilidades para la adecuada intermediación de los recursos.

i) Condiciones Particulares

La SOFOM deberá formalizar y documentar las operaciones crediticias y/o financieras que realicen con sus clientes, así como resguardar toda la información de las operaciones crediticias que se realicen, ya que será responsable de la administración de los préstamos o créditos que otorgue a sus acreditados, incluyendo su recuperación. Cada SOFOM deberá llevar un estricto control de supervisión y vigilancia, en virtud de que la Financiera podrá solicitar los registros comprobatorios de estos procesos, en el momento que ésta lo considere pertinente.

En el caso de líneas para la generación y descuento de cartera, la disposición de los recursos será contra entrega del Certificado de Depósito de Títulos en Administración, considerada ésta como constancia de que la SOFOM tiene en su poder debidamente cedido a favor de la Financiera, los derechos de los contratos de crédito celebrados entre la SOFOM y su cliente, así como el endoso en propiedad en favor de la Financiera de los pagarés correspondientes

5.1.6.2. Esquema Entidad Dispersora

Mercado Objetivo:

Entidades Dispersoras de crédito y/o Intermediarios Financieros enfocados al sector rural que no se encuentren contemplados en la Ley Orgánica de la Financiera Rural (LOFR), ni regulados por la Comisión Nacional Bancaria y de Valores (CNBV).

Estructura:

Como resultado de la heterogeneidad entre los distintos intermediarios financieros no bancarios, el Programa se estructura a partir de dos grupos que identifican, clasifican e integran a estas Entidades según los servicios que otorgan, la cobertura de éstos, regulación, procedimientos crediticios, sistemas operativos, infraestructura y desempeño.

Grupo I:

Integrado por Entidades cuya actividad principal es ofrecer servicios de ahorro y préstamo a sus socios y/o clientes, y no son supervisadas por la CNBV. Además, cuentan con los procedimientos básicos para realizar la intermediación de recursos y con el personal e infraestructura necesaria para llevar a cabo dicho proceso.

Grupo II:

Integrado por Entidades donde la intermediación de recursos es complementaria a su actividad principal, en la búsqueda de mejores condiciones comerciales para sus socios y clientes, que resulten en mayores beneficios para la Entidad. Su porcentaje de mercado es reducido, y sus procedimientos y mecanismos mediante los cuales operan la intermediación financiera, son los mínimos indispensables para darle certidumbre al proceso, ya que no es su actividad principal.

Instrumentación:

Los tipos de financiamiento que la Financiera podrá ofrecer a las Entidades son los siguientes:

a) Créditos directos

Se formaliza mediante apertura de Crédito Simple, y su destino es el fortalecimiento de la infraestructura física y administrativa de la Entidad para mejorar su operación. No se podrá destinar para la adquisición de bienes inmuebles, gasto corriente o sustitución de pasivos.

b) Crédito para generación y descuento de cartera

Se formaliza mediante la apertura de Crédito Simple, destinado para descuento de créditos de Avío, Simples y Refaccionarios. Para descuento de líneas revolventes, será mediante la formalización de un Crédito en Cuenta Corriente, para descuento de créditos de Avío Multiciclos, Cuenta Corriente y Prendarios.

c) Plazo

Para los créditos directos, el plazo no deberá exceder al establecido en el producto de crédito simple.

En el caso de créditos para la generación y descuento de cartera, los plazos estarán en función de lo siguiente:

Hasta por un periodo de 3 años en clientes clasificados como nuevos y habituales, y hasta por 10 años, en clientes clasificados como preferentes; condicionando la disposición de recursos a partir del segundo año después de la contratación, a un proceso de revisión anual. Cuando la clasificación del cliente refiera a "Otros", el contrato de crédito considerará un plazo máximo de un año para realizar disposición al amparo del mismo.

En lo particular, las operaciones de crédito que se formalicen entre la Entidad y sus clientes o acreditados, los plazos serán de acuerdo a lo siguiente:

- Para las líneas de generación y descuento de créditos de Habilitación o Avío tradicionales o multiciclos (actividades de ciclo corto) y Prendarios, el plazo de los créditos a descontar no podrá exceder de un año.

- Para las líneas de generación y descuento de créditos Simples y en Cuenta Corriente, el plazo máximo de los créditos a descontar será de hasta dos años.

- Para las líneas de generación y descuento de créditos Refaccionarios, el plazo máximo de los créditos a descontar será de tres años.

- Para las líneas de generación de Microcréditos el plazo máximo de cada disposición será de hasta 180 días.

d) Tasa

Para créditos directos a la Entidad, se utilizará la misma tasa del crédito simple que aplica para los acreditados directos de la Financiera.

En el caso de créditos para la generación y descuento de cartera, a las Entidades clasificadas dentro del grupo I, se les otorgarán tasas un punto porcentual por debajo de las correspondientes para créditos directos en sus modalidades de Crédito Simple, Avío, Prendario o Refaccionario. Para las Entidades clasificadas dentro del grupo II, las tasas serán las mismas que las correspondientes para créditos directos en sus modalidades de Crédito Simple, Avío, Prendario o Refaccionario.

e) Comisiones

Tanto para los créditos directos como para los créditos para generación y descuento de cartera, la comisión será por disposición y será la que corresponda al nivel de la clasificación de cliente, según la tabla vigente al momento de celebrar la operación.

No aplicará comisión o penalización por prepago. Adicionalmente, se aplicará la comisión por consulta a las Sociedades de Información Crediticia.

f) Garantías

Para créditos directos, se deberán establecer garantías reales o directas, preferentemente buscando un nivel de cobertura medio.

Para las líneas de generación y descuento de cartera, la principal garantía es la cesión de los derechos de los contratos y el endoso de los pagarés, relativa a los financiamientos que la Entidad otorgue a sus clientes o acreditados, en los términos y condiciones determinados por la Financiera.

Adicionalmente, se deberán constituir Fondos de Garantías Líquidas por al menos el 10% de los montos a disponer para fortalecer las operaciones crediticias, y del 15% para Entidades que soliciten por primera vez a la Financiera, o que nunca hayan recibido financiamiento de otra institución de crédito. Se deberán establecer garantías hipotecarias cuando la Entidad descuente a sus acreditados créditos simples.

g) Apoyos Especiales

- Apoyos y servicios de capacitación, asesoría y consultoría para las personas físicas y morales interesadas en constituirse como Intermediario Financiero Rural.
- Servicio de capacitación básica para facilitar el acceso a los servicios crediticios de la Financiera Rural.
- Servicio de capacitación para la elaboración de diagnósticos y planes de negocio para la constitución de los IFR.
- Servicio de capacitación en incubación y acompañamiento empresarial del IFR.
- Servicio de capacitación especializada de carácter específico para los IFR en proceso de constitución o que operen con la Financiera Rural.
- Servicio de consultoría en diseño de servicios para los IFR en proceso de constitución o que operen con la Financiera Rural.
- Servicio de consultoría en diseño de soluciones tecnológicas, procesos y sistemas de gestión para los IFR en proceso de constitución o que operen con la Financiera Rural.
- Servicio de consultoría especializada de carácter específico para los IFR en proceso de constitución o que operen con la Financiera Rural.
- Apoyos para la realización de trámites legales para la constitución de IFR.
- La dotación de elementos técnicos y formales para los IFR.

h) Condiciones Particulares

Si bien las Entidades Dispersoras no están reguladas por la CNBV, la Financiera establecerá los requisitos para que éstas puedan evaluar, otorgar, dar seguimiento y recuperar los créditos.

En este sentido, la Entidad deberá formalizar y documentar las operaciones crediticias y/o financieras que realice con sus clientes, así como resguardar toda la información de las operaciones crediticias que se realicen, ya que cada Entidad será responsable de la administración de los préstamos o créditos que otorgue a sus acreditados, incluyendo su recuperación. Asimismo, deberá llevar un estricto control de supervisión y vigilancia, ya que la Financiera podrá solicitar los registros comprobatorios de estos procesos, en el momento que ésta lo considere pertinente.

En el caso de líneas para la generación y descuento de cartera, la disposición de los recursos será contra entrega del Certificado de Depósito de Títulos en Administración, considerada ésta como constancia de que la Entidad tiene en su poder, debidamente cedido a favor de la Financiera, los derechos de los contratos de crédito celebrados entre la Entidad y su cliente, así como el endoso en propiedad en favor de la Financiera de los pagarés correspondientes

Ventajas para los acreditados

- Permite formalizar y desarrollar entidades no financieras para convertirse en dispersoras de crédito.
- Acceso a financiamiento, ampliando su relación comercial con sus socios, proveedores y clientes.
- Ofrece estímulos para fomentar la profesionalización de estas entidades transformándose en un IFR, de acuerdo a su grado de desarrollo.
- Apoyo en capacitación y dotación de elementos técnicos y formales necesarios para iniciar operaciones, entre los que se consideran los manuales de operación, de crédito, así como la adquisición e instalación de sus sistemas y plataforma informática.
- Fortalece sus activos y su administración.
- Considera los apoyos gubernamentales para constituir garantías líquidas.

REQUISITOS QUE DEBE PRESENTAR UNA ENTIDAD DISPERSORA PARA LA AUTORIZACION DE UNA LINEA DE CREDITO

- Solicitud de Crédito.

- Autorización para consulta al Buró de Crédito de la Empresa y los 3 representantes legales (Presidente, Secretario y Tesorero) y de los 3 Accionistas mayoritarios.
- Pago por las consultas en Buró de Crédito
- Balance General y Estados de Resultados con relaciones analíticas de los dos últimos años y un parcial con antigüedad no mayor a 3 meses.
- Acta Constitutiva con inscripción en el Registro Público de la Propiedad.
- Relación patrimonial de los accionistas y representantes legales.
- Certificado de no gravamen de la sociedad.
- Ultima modificación al Acta Constitutiva con inscripción en el Registro Público de la Propiedad.
- Acta de Asamblea en donde se asiente la solicitud de crédito a la Financiera Rural Notariada (en caso de que no se tenga facultades individuales).
- Acta de nacimiento certificada o notariada de los representantes legales y accionistas mayoritarios.
- Identificación oficial de los representantes legales y accionistas mayoritarios (credencial de elector, pasaporte mexicano, cartilla SMN).
- Cédula del RFC persona moral.
- Cédula del RFC de los representantes legales.
- Comprobante de Domicilio (recibo de agua, luz, teléfono).
- Poder notariado (en su caso).
- Tres referencias bancarias y tres comerciales.
- Apertura de cuenta de cheques (BANAMEX, BANORTE, BBVBANCOMER).
- Plan anual de operaciones.
- Evaluación o diagnostico de la empresa (en su caso).

5.1.7 ORGANOS DE GOBIERNO

La SOFOM generalmente cuenta con los siguientes órganos de gobierno y administración:

a) ASAMBLEA GENERAL DE ACCIONISTAS

b) CONSEJO DE ADMINISTRACIÓN

c) DIRECCION GENERAL

d) COMISARIO

e) COMITÉ DE CRÉDITO

5.1.7.1 Asamblea General de Accionistas

Es el Órgano Supremo de la Sociedad; según el caso, serán ordinarias o extraordinarias. Son extraordinarias, las que se celebren para tratar cualesquiera de los asuntos comprendidos en el artículo 182 ciento ochenta y dos, de la Ley General de Sociedades Mercantiles; serán ordinarias, las que se celebren para tratar cualesquiera otros asuntos.

5.1.7.2 Consejo de administración

El Consejo de Administración y/o su Presidente, según sea el caso, tienen las siguientes facultades y obligaciones:

a) En el orden administrativo, las que sean necesarias para llevar a cabo las operaciones, actos y contratos relacionados con la finalidad de la Sociedad, inclusive la de contratar préstamos, otorgar garantías prendarías, hipotecarias, o de cualquier naturaleza y todas las concernientes al cumplimiento del objeto social que correspondan al orden administrativo;

b) En lo que corresponde al ejercitar actos de dominio, aún respecto de los bienes muebles e inmuebles de la Sociedad, en sus derechos reales o personales, también se le apodera ampliamente, comprendiendo facultades para gravar, hipotecar, entregar en fideicomiso y realizar cualquier otro acto jurídico sobre dichos bienes, a título de dueño.

c) En lo que toca a la representación ante toda clase de autoridades, y en toda clase de negocios, para que ejerciten todas las facultades inherentes al mandato general para pleitos y cobranzas, aún con las espaciales que requieran cláusula especial conforme a la Ley, quedando incluidas las facultades para presentar denuncias y querellas, ratificarlas, ampliarlas y otorgar el perdón en los casos procedentes, intentar demandas de amparo y desistirse de ellas, comprometer en árbitros, absolver y articular posiciones y repreguntar; celebrar convenios y transacciones y cualquiera otra facultad que quede comprendida bajo este concepto de representación para pleitos y cobranzas.

d) Para auxiliar en la administración, el Consejo de Administración designa un Director General. Al hacer los nombramientos respectivos, se señalarán las facultades y obligaciones.

5.1.7.3   Dirección General

La Asamblea General de Accionistas nombra al Director General, con las siguientes obligaciones y facultades:

a. Despachar los negocios de la Sociedad, sometiendo a la consideración del Consejo de Administración o de las comisiones que el mismo cree, los asuntos que le estén reservados decidiendo los otros dentro de las facultades que se le deleguen de conformidad con los estatutos y con las reglas de operación que dicte el propio Consejo de Administración.

b. Celebrar, de conformidad con las instrucciones del Consejo de Administración los actos, operaciones y contratos que requiera la marcha ordinaria de los negocios sociales, firmando la correspondencia y los documentos relacionados con las facultades delegadas bajo su responsabilidad.

c. Administrar los bienes y negocios de la Sociedad.

d. Encargarse de la organización de las oficinas de la Sociedad y proponer al Consejo de Administración los nombramientos, remociones, funciones y emolumentos de los empleados que estarán bajo sus órdenes.

e. Representar la sociedad en todas sus relaciones y ante toda clase de personas y autoridades con facultades generales y especiales para pleitos y cobranzas, actos de administración y para otorgar, suscribir, endosar, girar, aceptar, rehusar, negociar y en general efectuar cualquier otro acto respecto de las obligaciones, documentos mercantiles o civiles y títulos de crédito, incluidos todos aquellos actos de dominio relacionados con la transmisión o endosos de los derechos contenidos en los contratos de crédito y demás documentos que pacten con los clientes.

5.1.7.4 Comisario

La Vigilancia de la Sociedad está a cargo de un Comisario, quién revisa los Estados Financieros, documentos y actas diversas y en general la marcha del negocio, emitiendo un dictamen con las observaciones pertinentes, para que sea considerado por el Consejo de Administración.

5.1.7.5 Comité de Crédito

El Comité de Crédito es el órgano facultado por el Consejo de Administración para aprobar o declinar, las solicitudes de crédito que se presenten a la Sociedad, así como para determinar las condiciones en que se otorgan los créditos, esto de conformidad con los reglamentos y manuales operativos que apruebe dicho Consejo. Tiene la función además de analizar la exposición a los diversos riesgos que tiene la SOFOM en función de las tendencias y expectativas internas y externas, con el fin de poder aplicar las acciones correctivas y planes de contingencia apropiados en forma oportuna y con información puntual, exacta y suficiente

El Comité de Crédito se rige bajo las reglas y normas establecidas en el reglamento que fue creado para tales efectos, el cual debe ser revisado y autorizado por el Consejo de Administración. Dicho reglamento establece lo siguiente:

REGLAMENTO DEL COMITÉ DE CREDITO

INTEGRACIÓN

Los integrantes del Comité de Crédito serán nombrados por el Consejo de Administración y durarán en funciones hasta que así lo determine el propio Consejo.

El Comité de Crédito se integra por un presidente, un secretario y un vocal, quienes tendrán voz y voto.

FUNCIONES

Se constituye como un órgano de apoyo a la gestión que realiza el Consejo de Administración, dependiente de éste, y es el responsable de evaluar los diversos riesgos que tiene la SOFOM en función de las tendencias y expectativas internas y externas, con el fin de poder aplicar las acciones correctivas y planes de contingencia apropiados en forma oportuna y con información puntual, exacta y suficiente.

Así mismo este Comité tiene como responsabilidad vigilar que el esquema de crédito vigente en cuanto a tasas, plazos, comisiones, garantías, etc. sea adecuado a las condiciones de mercado existentes y acorde a los objetivos de la empresa.

FACULTADES

Son facultades del Comité de Crédito:

a) Analizar y autorizar el diseño de productos, la metodología y condiciones para el otorgamiento de créditos, la documentación y requisitos exigidos para el estudio de los mismos, recuperación de la cartera, seguimiento a la cartera vencida, autorización de castigos y quebrantos, análisis de la competencia, entre otras.

b) Analizar el riesgo y monitorear la calidad de los créditos otorgados conforme a dichas metodologías.

c) Analizar, junto con la Dirección General y las áreas involucradas en el proceso crediticio, la efectividad de los procesos implementados y adecuado cumplimiento por el personal que debe llevarlos a cabo.

d) Analizar y evaluar el desempeño de los comités o subcomités involucrados en cualquier decisión crediticia, informándolo al Consejo de Administración.

e) Asistir con voz, pero sin voto a las sesiones con el Consejo de Administración.

f) Solicitar al Consejo de Administración, o al Director General, la información que requiera para el correcto desempeño de sus funciones.

g) Aprobar las políticas generales para la identificación y evaluación de riesgos, así como de la aplicación de planes de contingencia.

h) Analizar y aprobar en su caso, los productos y esquemas de financiamiento en cuanto a tasas, montos, plazos, garantías, comisiones, gastos de cobranza y otros.

OBLIGACIONES

Son obligaciones del Comité de Crédito:

a) Analizar y en su caso aprobar las solicitudes de crédito.

b) Supervisar la aplicación u observancia de la metodología crediticia.

c) Autorizar aquellas operaciones que deben ser consideradas como incobrables a fin de realizar los castigos correspondientes.

d) Valorar los riesgos a los que esta expuesta la organización por factores externos e internos, con base en la información que generen las diferentes áreas, así como la de diversos análisis del entorno que puedan afectar directamente a la SOFOM.

e) Presentar al Consejo de Administración un informe trimestral sobre su gestión o antes si es necesario.

f) Analizar la competencia y modificar los esquemas de crédito, creando productos de alta calidad, suficientes, adecuados y oportunos.

g) Autorizar el nivel de reservas que deben crearse para minimizar el riesgo crediticio.

h) Analizar los riesgos en los que incurre la empresa, delimitando los niveles aceptables para esos riesgos y supervisando que se tomen las acciones necesarias para identificar, analizar, monitorear y controlar los riesgos.

i) Evaluar, medir, administrar y dar seguimiento a los riesgos de: capital, mercado, crédito, liquidez, tasas de interés.

j) Evaluar, medir y minimizar el riesgo operativo, vigilando que las diferentes áreas se apeguen a la normatividad establecida.

k) Evaluar y vigilar que se apliquen los mecanismos para evitar fraudes.

l) Vigilar que se aplique adecuada y oportunamente los mecanismos para evitar el lavado de dinero.

m) Vigilar que los trámites legales y judiciales que por diferentes razones tiene la organización estén debidamente atendidos por especialistas a fin de evitar riesgos, por fallas en contratos en general y en la documentación que como garantías de crédito tiene la organización.

n) Evitar la concentración de riesgos por: actividad económica, por ubicación geográfica por grupos vinculados, etc.

o) Vigilar que existan mecanismos de protección contra los diferentes riesgos a través de que las áreas responsables cuenten con: seguros, fianzas, seguridad, etc.

5.1.8 ESTRUCTURA ORGANIZACIONAL

La estructura organizacional de la empresa estará dada por el tamaño de la misma y la complejidad de su operación. Una estructura básica podría ser la siguiente:

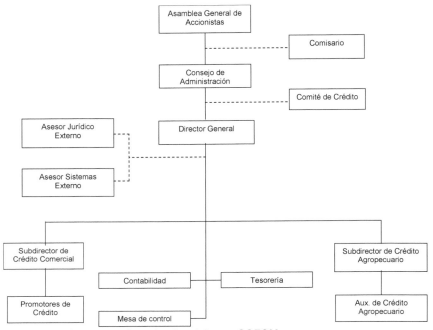

Figura 1. Estructura Organizacional de una SOFOM

DESCRIPCION DE PUESTOS

a) DIRECCION GENERAL

Es responsable de la eficiente administración de la Empresa. Para ello, programa, organiza, integra, dirige, controla y supervisa, con la sola limitación de las políticas y normas fijadas previamente, las actividades de todas las áreas y departamentos, buscando la optimización de los recursos físicos y humanos, para el logro de los objetivos de la empresa.

b) CONTABILIDAD

Sus funciones consisten en la entrega de información financiera confiable y oportuna a la Dirección General, registrar la contabilidad y que los estados financieros expresen la situación real de la empresa, encargarse del cumplimiento de las obligaciones que en materia legal y contable requieren los organismos que supervisan a la SOFOM; además, realiza los cálculos conforme a las leyes que sirven de base para el pago de impuestos, IMSS, SAR, Infonavit, entre otros así como reducir los gastos lo más posible. Debe atender los requerimientos y auditorias de las autoridades fiscales y financieras.

c) MESA DE CONTROL

- Vigilar que los créditos se operen y administren conforme la política establecida, constituyéndose en un mecanismo de estricto control y vigilancia del crédito.
- Vigilar que los expedientes de crédito estén debidamente integrados, cuidando el contenido y validez de los documentos que lo integran.
- Elaborar los contratos y pagarés de los créditos autorizados, recabando las firmas y verificando que estén debidamente ratificados e inscritos en el Registro Público de la Propiedad, cuando así proceda.
- Recabar la documentación legal de las garantías, validando su autenticidad, para entregar al departamento de Contabilidad.

d) TESORERIA

- Control de las operaciones y movimientos bancarios, optimizando los recursos financieros de la empresa para tener un mejor rendimiento de ellos.
- Pago a proveedores y fuentes de fondeo
- Control de la chequera

e) SUBDIRECCION DE CRÈDITO

- Supervisar las actividades de promoción, análisis, autorización, formalización, administración y recuperación de los créditos comerciales y agropecuarios
- Proponer e implementar los programas de promoción necesarios para el cumplimiento de las metas de colocación de crédito.

- Supervisar el desempeño de los promotores de crédito, dándole seguimiento a las metas individuales, a las actividades de promoción, a la labor de cobranza.
- Elaborar los reportes de cartera, de colocación de crédito y de las metas.
- Tratar directamente con los clientes para atender sus necesidades y evaluar el grado de satisfacción de los mismos.

f) PROMOTOR DE CREDITO
- Promover, analizar y proponer los créditos al órgano facultado.
- Integrar el expediente de crédito, según el Manual de Crédito.
- Efectuar la cobranza de los créditos.

g) ASESOR JURIDICO EXTERNO
Dictaminar poderes, escrituras, y modificaciones de sociedades, así como la elaboración, formalización de contratos de créditos con garantía hipotecaria y/o prendaria.

h) ASESOR SISTEMAS EXTERNO
- Coordinar la implementación y operación de los procesos administrativos y sistemas computacionales que permitan tener la información actualizada.
- Contar con sistemas de información de crédito, los cuales como mínimo deberán:
    o Permitir la debida interrelación e interfaces automatizadas entre las distintas áreas que participan en el proceso de crédito.
    o Generar reportes confiables, evitar la manipulación de datos, permitir la conciliación automática de la información en casos de contingencia.
- Mantener controles adecuados que procuren su seguridad tanto física como lógica, así como medidas para la recuperación de la información en casos de contingencia.

- Proporcionar la información necesaria para la toma de decisiones por parte de la Dirección General.

CONSIDERACION DE CARÁCTER LABORAL

La Dirección General deberá cuidar que se cumpla con todas las obligaciones que marca la Ley en los aspectos laborales y administrativos, específicamente:

a) Contrato de trabajo debidamente firmado por el patrón y el empleado, con tinta azul, en dos tantos.

b) Reglamento Interno de trabajo debidamente firmado por los trabajadores y el patrón, presentado ante la Junta de Conciliación y arbitraje.

c) Integración de la Comisión Mixta de Seguridad e Higiene, informando a la Junta de Conciliación y arbitraje.

d) Integración de la Comisión de Capacitación, informando a la Junta de Conciliación y arbitraje.

e) Mantener el control de asistencia de los trabajadores.

f) Dar de alta a los trabajadores ante el Instituto Mexicano del Seguro Social y otras dependencias de gobierno, de manera inmediata a su contratación.

5.1.9 PROCESO DE CRÉDITO

La SOFOM al momento de ser dispersora de crédito puede proporcionar los servicios del otorgamiento de crédito, para lo cual es necesario establecer de manera impositiva todo el proceso crediticio desde la promoción hasta la recuperación.

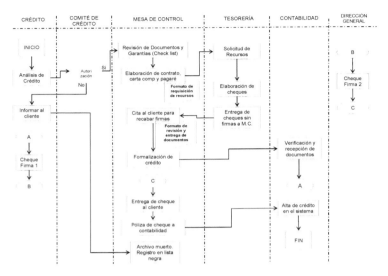

Figura 2. Proceso de Crédito

a) Promoción

La promoción se puede efectuar mediante visitas directas a las empresas, utilizando medios de publicidad como radio, televisión y el periódico, además del volanteo, perifoneo, llamadas telefónicas. En el sector agropecuario la promoción es a través de la visita directa a los prospectos.

- Consulta inicial

El promotor de crédito es el contacto directo con todos los clientes de la SOFOM y funge como primer filtro. El personal tiene la capacitación necesaria para que con los elementos básicos proporcionados por el cliente, pueda determinar si lo califica conforme a los criterios elegidos para ser sujeto de crédito.

- Asesoría

También proporciona la asesoría básica que facilite y agilice el cumplimiento de los requisitos para accesar al crédito. El personal que tiene esta función es el promotor de crédito, quien tiene como responsabilidad conocer los aspectos de evaluación, formalización, otorgamiento y seguimiento del crédito.

- Prediagnóstico

Se investiga al acreditado, según sea el caso, en el Buró de Crédito, verificando las referencias proporcionadas por el cliente, analizando su actividad y si de ello se desprende que exista alguna duda o recomendación preventiva, se efectúa una investigación y clarifica a satisfacción, complementando los elementos para su análisis.

Si de la revisión y/o análisis efectuado procede la aceptación de la solicitud, se integra el paquete de información y lo envía a Análisis de Crédito para su estudio.

b) Análisis de crédito

- Recepción de la solicitud

El formato de la solicitud de crédito, aporta entre otros, los datos necesarios para la identificación del solicitante, su actividad económica, monto y tipo de crédito solicitado, con los comentarios y observaciones necesarios a cumplir por el solicitante para ingresar formalmente su solicitud.

- Dictamen jurídico

Se analizan los documentos legales (facturas, escrituras, contratos, poderes, etc.), con el fin de determinar entre otras cosas, la existencia legal, situación y personalidad jurídica del solicitante y de sus garantías.

- Informe de crédito

Es una parte importante para el estudio de crédito ya que permite formarse un juicio acerca de la solvencia moral y económica de la persona solicitante, así como el verificar que la información proporcionada por el solicitante sea verdadera.

- Visita al solicitante y avales solidarios

Se realiza una visita al solicitante a sus instalaciones o empresas, con el propósito de verificar la existencia de la empresa o el negocio y su

43

adecuada operación, así como para conocer de cerca su operación. Así también se visitan los domicilios de los avales solidarios, a fin de verificar la existencia de los medios con los que en su momento serán responsables por el solicitante.

- Garantías

En función del monto del crédito y la política vigente, se determina el tipo de garantías a solicitar, su grado de cobertura y relación, basándose en cuanto a su valor real. Cabe aclarar que el otorgamiento de los créditos se sustenta en la viabilidad de la operación y en la solvencia moral y económica del solicitante y no sólo en la garantía. Las garantías podrán ser: personales y reales (prendarios o hipotecarios).

- Estudio de crédito

El estudio de crédito es un compendio de juicios de valor sobre los aspectos técnicos, administrativos, de mercado y financieros del solicitante, cuyo propósito es dotar al Comité de Crédito, de elementos confiables para la toma de decisiones. El estudio de crédito se realiza con base en información actualizada para que los aspectos cualitativos y cuantitativos se analicen.

- Acuerdo de términos y condiciones

Se precisan los términos y condiciones a que se sujetarán los créditos autorizados para su contratación (ejercicio y recuperación) plasmando en un solo documento, la forma en que se otorga el crédito y los requisitos que debe cumplir el cliente, previos al ejercicio y durante el mismo, con el objeto de que todas las áreas que participan en el proceso realicen sus funciones eficientemente.

c) Autorización de crédito

- Autorización de crédito

El propósito de la autorización de crédito es evidenciar por escrito la autorización del crédito por el Comité de Crédito y debe firmarse por los miembros que la integran, en la sesión en que sea presentado cada caso.

- Normatividad del Comité de Crédito

En este apartado se presentan los integrantes del Comité de Crédito, su desarrollo, quórum mínimo y forma de operación.

- Acuerdo de términos y condiciones

Una vez obtenida la autorización de un crédito, el promotor se lo comunica al cliente, manifestándole los términos y condiciones definitivas para su aceptación.

d) Formalización de crédito

Una vez aprobados los créditos y previo a la entrega de los recursos, se procede a formalizarlos requisitando, según sea el caso, el contrato, el pagaré o ambos, así como al establecimiento de las garantías requeridas. Cuando se trate de garantías hipotecarias inmobiliarias, se inscriben en el Registro Público de la Propiedad y del Comercio.

e) Disposición de crédito

- Disposición

Para que un cliente disponga de los recursos del crédito autorizado, se elabora el pagaré correspondiente que documenta la operación, contando previamente, en su caso, con copia del contrato de crédito debidamente firmado y registrado (en su caso), y la documentación requerida en el Acuerdo de términos y condiciones. Se deberá pagar además las comisiones respectivas.

f) Recuperación de crédito

Previo a las fechas de vencimiento, se recuerda a los acreditados mediante llamadas telefónicas del pago a realizar y el día del vencimiento, se verifica que este se haya efectuado conforme lo acordado y de ser así se hace la aplicación y el registro contable correspondiente.

La recepción de pagos se realiza mediante pago referenciado en Bancos, transferencia electrónica o directamente en las oficinas de la Empresa.

En caso de no recibir el pago, se dá un seguimiento muy estrecho a la cobranza de la cartera vencida, mediante comunicados, telefonemas y haciendo visitas al acreditado para evaluar las posibilidades de recuperación del crédito.

g) Supervisión y seguimiento

La supervisión de crédito tiene como objetivo principal, determinar oportunamente, si existen variaciones importantes en la situación de mercado, administrativa, técnica o financiera de los acreditados que pongan en riesgo la recuperación de los financiamientos.

Es por ello que se verifica que los recursos del crédito se apliquen conforme el destino pactado y se cumplan todas las condiciones, instrumentándose el crédito de acuerdo con lo autorizado.

h) Integración de expedientes

Se integra, actualiza y conserva un expediente por cada uno de los acreditados, que contiene toda la información y documentación relativa a dichos acreditados.

Los expedientes cuentan con la siguiente información, además del contenido del expediente:

1. Descripción.- La información general del acreditado.
2. Plan de relaciones.- Solicitud de crédito y la solicitud – propuesta de crédito.
3. Análisis de crédito.- La evaluación del proyecto de financiamiento y la autorización por parte del Comité de Crédito.
4. Monitoreo.- Documentos de la disposición y otros documentos de control.
5. Información financiera.- Los estados financieros del acreditado.
6. Garantías y seguros.- Copias de las garantías y seguros.
7. Documentación legal.- Resultado de la búsqueda de propiedades en el Registro Público de la Propiedad, certificados de libertad de

gravamen, el contrato elaborado sobre el crédito proporcionado, entre otros.

8. Información general.- Documentos de identificación del solicitante y cualquier otra información proporcionada por el productor o solicitada por la empresa.

9. Otras políticas.

5.1.10 ESTADOS FINANCIEROS DE LA EMPRESA

El balance, estado de resultados y relaciones analíticas se deben generar mensualmente, debiendo complementarse con las conciliaciones bancarias y el análisis comparativo con el presupuesto.

El análisis de estados financieros es la aplicación de un conjunto de técnicas para analizar la situación financiera de la empresa, en cuanto a liquidez, rentabilidad, apalancamiento y eficiencia.

Los estados financieros deben ser elaborados por el contador de la empresa, quién deberá tener su cédula profesional y acreditar que tiene las competencias necesarias para llevar correctamente la contabilidad, de acuerdo a los principios de contabilidad generalmente aceptados y apegándose a los criterios establecidos al respecto por la Comisión Nacional Bancaria y de Valores.

Los Estados Financieros se deben entregar trimestralmente a las Fuentes de Fondeo.

5.1.11 MANUALES DE CRÉDITO Y OPERATIVOS

La SOFOM deberá contar con los siguientes manuales:

a) Manual de Crédito

Contiene las reglas, políticas y normativa en general sobre el otorgamiento, administración y recuperación del crédito. Es probablemente el documento más importante en la operación de la SOFOM.

b) Manual de Operación

Contiene los procedimientos, procesos, instructivos y formatos que se emplean en cada uno de los departamento que integran la SOFOM.

c) Manual de Normas y Políticas

Es el documento que contiene la normativa bajo la cual se rige la SOFOM y que aplica para todas las áreas que la integran.

d) Manual de Organización

Contiene el organigrama, puestos, funciones, responsabilidades y perfil del personal de la empresa, así como los aspectos laborales.

e) Manual de Contabilidad

Contiene las reglas bajo las cuales se efectúan los asientos contables, el catálogo de cuentas aprobado y los criterios para la elaboración de los estados financieros.

f) Manual de Sistemas

Contiene los procedimientos e instructivos para el adecuado manejo del sistema de cartera y contabilidad, así como el respaldo de la información.

g) Manual de Control Interno

Contiene los principios normativos para el establecimiento e implementación del control interno, con el fin de evitar fraudes y quebrantos.

h) Manual de Riesgos

Contiene la descripción y medidas para prevenir los principales riesgos de la empresa como son el crediticio de liquidez, de tasa de interés, cambiario, operativo, tecnológico, innovación de productos, de reputación, competitivo y regulatorio.

i) Manual de código de ética

Contiene una serie de reglas éticas bajo las cuales se debe de conducir el personal de la empresa, para el otorgamiento, administración y recuperación del crédito.

j) Manual de lavado de dinero

Contiene los fundamentos legales y medidas necesarias para prevenir el lavado de dinero y operaciones sospechosas, bajo las normas establecidas por la SHCP.

Tanto Financiera Rural como FIRA, tienen programas de apoyo para la elaboración y aplicación de dichos manuales.

5.2 EL MÉTODO TRABAJO - APRENDIZAJE PARA LA CAPACITACIÓN

El método trabajo- aprendizaje consiste en poner a los sujetos sociales (Productores, en este caso) en situación de aprendizaje para que logren aprendizajes significativos y sigan la lógica de los fenómenos. Para ello, es necesario considerar varias disciplinas que nos orientan en el conocimiento de los procesos cognitivos de los seres humanos.

Engels considera tres puntos esenciales en la evolución humana: el habla, un cerebro grande y la postura erecta. Arguye que el primer paso debe haber sido el descenso de los árboles, con la subsecuente evolución de la postura erecta por nuestros ancestros terrestres. "Estos monos cuando se movían a nivel del suelo comenzaron a adquirir el hábito de usar sus manos y adoptar una postura más y más erecta. Este fue un paso decisivo en la transición del mono al hombre." (Federic Engels 1876 en "El papel del trabajo en la transición del mono en hombre). La postura erecta libera las manos para fabricar herramientas (trabajo, en la terminología de Engels). El crecimiento de la inteligencia y el habla vinieron después.

Entonces, las manos no son sólo un órgano de trabajo, son también un producto del trabajo. Sólo por el trabajo, por adaptación a cada nueva operación por el siempre renovado empleo de estas mejoras heredadas en nuevas, más y más complicadas operaciones, alcanzó la mano humana el alto grado de perfección que la ha capacitado para hacer realidad las pinturas de Rafael, las estatuas de Thorwaldsen, la música de Paganini.

Cuando los humanos aprendieron a manejar su propio entorno material, dice Engels, otras habilidades fueron añadidas a la primitiva caza -agricultura, hilado, alfarería, navegación, artes y ciencia, ley y política, y por último "la reflexión fantástica de las cosas humanas en la mente humana: la religión." Cuando la riqueza se acumuló, pequeños grupos de hombres alcanzaron poder y forzaron a otros a trabajar para ellos. El trabajo, la fuente de toda riqueza y la fuerza motriz de la evolución humana. Todo el mérito por el veloz avance de la civilización fue adscripto a la mente, el desarrollo y la actividad del cerebro, donde el principal protagonista para tal desarrollo le corresponde al trabajo.

Para encontrar la relación que existe entre METODO – TRABAJO – APRENDIZAJE, podemos plantear las siguientes definiciones de una forma simple:

MÉTODO: Secuencia lógica y estructurada de pasos por medio del cual se utilizan herramientas y técnicas para lograr la optimización de los recursos.

TRABAJO: Conjunto de actividades realizadas por el hombre para aplicar y obtener conocimientos con el fin de satisfacer necesidades.

APRENDIZAJE: Proceso ordenado y sistematizado mediante el cual se adquieren y/o construyen conocimientos, habilidades y capacidades.

"...el trabajo comprende la diversidad de fenómenos, planos de abstracción, significaciones y diversidad de las percepciones que estimulan el pensamiento y al propio tiempo indican los niveles de desarrollo que el pensamiento y el aprendizaje deben alcanzar"

Para comprender de qué manera el ser humano ha alcanzado y sigue construyendo aprendizajes. La estructura curricular de la Maestría en Prestación de servicios Profesionales apoya al Método trabajo-aprendizaje, ofreciendo el sustento de los siguientes fundamentos científicos.

La Antropología

"Se considera que las ventajas intelectuales de la especie humana, aplicadas a la sobrevivencia, consisten esencialmente en la *"capacidad para explorar, comprender, explicar y aprovechar la naturaleza y que es justamente en el trabajo, por encima de cualquier otra actividad humana, donde se despliegan estas capacidades..."* el trabajo ha constituido la estrategia fundamental de sobrevivencia de la especie; actividad fundamental para comprender y aprovechar la naturaleza en beneficio de la especie, esta capacidad de comprender y aprovechar constituye el rasgo central del aprendizaje. *Una especie cuyo rasgo distintivo es aprender y trabajar, trabajar y aprender.*

Lo anterior puede sintetizarse en *"un principio teórico que sostiene que el trabajo ha constituido y constituye una fuente fundamental, natural e histórica del aprendizaje para el hombre."* La conciencia de su importancia, se traduce en un principio metodológico: asignar al trabajo una doble intencionalidad consciente y sistemática, la de generar los productos del trabajo en sí mismo y la de *"aprender del trabajo, conformando en consecuencia un principio metodológico consistente*

51

en convertir las situaciones de trabajo en situaciones de trabajo-aprendizaje a partir de una reflexión consciente, sistemática y dirigida sobre el trabajo". (Manual del docente y el tutor, 2006).

Si bien como matiz de esta tesis pudiera citarse la importancia de la educación escolarizada o institucionalizada y los resultados espectaculares de la ciencia como institución, debe señalarse que desde la escala del periodo que ha llevado al origen y evolución de la especie, la ciencia y la enseñanza institucionalizada y la historia misma de la civilización constituyen en realidad historias extraordinariamente cercanas que ocupan menos del uno por ciento del tiempo evolutivo y *"no compiten antropológicamente con el papel desempeñado por el trabajo".* Aun más, puede fundamentarse inequívocamente que desde la perspectiva social, la enseñanza y la ciencia institucionalizadas constituyen en sí mismas expresiones particulares del trabajo como entidad social.

*Ahora, desde la **Neuropsicología**:* "sin participación y sin reflexión no hay aprendizaje, de hecho explican que aún entre las prácticas más pasivas y verticales de la capacitación y la educación debe existir una participación de facto aún cuando ésta no sea estimulada" como se da los procesos desde las redes neuronales. De hecho, el principio neurológico aporta los datos duros a los demás disciplinas científicas que sustentan nuestra Maestría y al Método mismo.

Por su parte, **La Psicología** aborda el estudio del desarrollo de la inteligencia y tiene como propósito comprender la tesis teórica de que el aprendizaje consiste en el desarrollo de estructuras cognitivas que se estructuran por etapas como resultado de la interacción con la realidad, en este caso, las estructuras cognitivas de los productores y de los Prestadores de servicio se reestructuran en tanto se relacionan con una parcela de la realidad en la que desarrollan su trabajo.

La Epistemología aporta al método: los conceptos centrales de obstáculo-ruptura epistemológicos, Falsación e Inductivismo; Paradigma. La epistemología es la disciplina del conocimiento humano; en los sujetos sociales involucrados en esta experiencia de formación, la certeza sobre la experiencia y los conocimientos se habrá de romper con estructuras ya definidas y sin poner en duda. Existe en ellos la resistencia a romper con esquemas establecidos, esa resistencia se convierte en obstáculo para construir nuevos aprendizajes. Entonces, estas nociones de ruptura, obstáculo y falsación nos impulsan a desaprender para volver a aprender. "...solo se puede *enseñar y aprender reconstruyendo el conocimiento previo*" "los productores rurales en particular, *no pueden hacer suyas nuevas explicaciones de la realidad mientras no desechen por cuenta propia sus viejas explicaciones*".

"...*la conciencia humana no puede coexistir con la realidad sin contar con una explicación de ésta y que ello resulta propio de las culturas y de los individuos, que ante esta necesidad de contar con una explicación de su realidad construyen respuestas de todo tipo para los fenómenos que le rodean*".

Las ciencias fundamentales del M T-A y su síntesis de resultados (qué elementos de vinculación está en posibilidad de proporcionar cada especialista, y cuáles esperaría de los demás)

TODO {

Antropología: **situación de aprendizaje**, el Trabajo.

Psicología: la mente se estructura en el acto de estructurar la realidad.
Semiótica: el sujeto como codificador. La creación de signos simbólicos (eficacia y naturaleza simbólica).
Epistemología: punto de partida del conocimiento, la "destrucción"/ Reconstrucción.
Neuropsicología: dato duro que confirma.

Didáctica: el nivel ontológico. El **objeto** posee una lógica inherente (la empresa, la vaca, el mercado mandan). (i)

| Sujeto de Aprendizaje |

(i) Quesnel, Erick. El Método. Documento de trabajo. México 2009.

53

La premisa es que el trabajo es la fuente natural del aprendizaje y consiste en tener el conocimiento de la realidad y compresión del fenómeno.

El objetivo de la Maestría es que el PSP, acompañe al productor y esto implica que el PSP reconozca las condiciones particulares de las personas y del contexto donde se desempeña, identifique las diferentes situaciones que los productores viven en el proceso de trabajo y en el proceso de aprendizaje. Que se conviertan las situaciones de trabajo en situaciones de aprendizaje y que comprendan que un aprendizaje es real cuando éste genera un valor.

El aprendizaje inicia cuando reflexionamos (Productores y Prestadores de servicio) sobre lo que hacemos, cómo lo hacemos y por qué lo hacemos. Esto permitirá identificar qué resultados se esperan de cada uno de los sujetos. A esto yo le llamo un buen acompañamiento.

El acompañamiento es una de las estrategias de aprendizaje y es necesario para que las personas puedan aportar sus capacidades para lograr resultados en su trabajo. El capacitando debe identificar las capacidades claves y sus articulaciones con las capacidades técnicas que requiere formar para lograr resultados en trabajo. Lo que se mide se evalúa, lo que se evalúa se puede corregir.

La reflexión individual y colectiva, la observación de las acciones llevadas a cabo por los productores (capacitandos), el intercambio de ideas y de experiencias, la sistematización de la reflexión y la contrastación con la información derivada del entorno, y la retroalimentación constante; permiten el replanteamiento de los programas de formación conjuntamente con el capacitando y permiten identificar los conocimientos y destrezas adquiridas durante el proceso de acompañamiento y formación. Por tanto, un PSP es competente cuando domina la totalidad de los elementos y no sólo de alguna de las partes, a saber:

<u>Aprendizaje:</u>

"...conformación y consolidación de estructuras cognitivas y sistemas funcionales, que tienen como sustento biológico la construcción de redes o circuitos neuronales, estas estructuras, sistemas y redes se constituyen y transforman en el acto mismo de aprender mediante la interacción explicativa con la realidad más significativa afectiva y cognitivamente, principalmente el trabajo, no obstante las propias estructuras y por ende los aprendizajes alcanzados se constituyen al propio tiempo en obstáculos epistemológicos que impiden o limitan el acceso a nuevos aprendizajes, en tanto el propio fracaso en la explicación de la realidad genera las rupturas epistemológicas que permitirán el ascenso en la comprensión" *(ii)*.

<u>Enseñanza:</u>

"...consiste en la planeación, diseño detallado, dirección y realización de situaciones de interacción con la realidad más significativa afectiva y cognitivamente, con fines de comprensión y explicación, principalmente situaciones de trabajo-aprendizaje. Estas situaciones de trabajo-aprendizaje deben ser estructuradas en función de la lógica interna de cada contenido de aprendizaje; deben colocar al sujeto que aprende como codificador de los fenómenos de la realidad bajo aprendizaje; deben partir de las estructuras cognitivas y sistemas funcionales propios de los sujetos; deben implicar una confrontación de los obstáculos epistemológicos que impiden o limitan el acceso al aprendizaje, para generar las rupturas epistemológicas requeridas para modificar las explicaciones que el sujeto tiene sobre los fenómenos" *(iii)*

(ii) Quesnel, Erick. El Método. Documento de trabajo. México 2009.
(iii) Ibídem.

El Método

"...forma de aplicar los fundamentos del aprendizaje para asegurarlo", de acuerdo con los fundamentos lógico-didácticos determinados.

Ante el desarrollo económico-productivo como objeto, dos son los contenidos fundamentales que rigen el aprendizaje: "el *diagnóstico* económico-productivo, entendido como estudio permanente de la realidad (una nueva percepción de la realidad en la mente del productor, explicar y comprender la realidad, esencia del proceso de aprendizaje) y la *planeación* del desarrollo, entendida como un proceso iterativo y en permanente depuración (nuevas percepciones de las potencialidades de cambio de la realidad, anticipación de ésta, formulación de hipótesis, reexpresión del proceso de diagnóstico como imagen de futuro)". (iv)

Capacitación:
"*...serie flexible de actividades secuenciales y estructuradas de estudio y planeación del desarrollo del proceso económico-productivo, como situaciones de interacción con la realidad que se organizan con el carácter de situaciones de aprendizaje*". Asimismo "*...el diagnóstico y la planeación del desarrollo debe ser realizada como secuencia de situaciones de trabajo aprendizaje que constituyen ejes centrales y contenidos rectores del proceso de capacitación, los cuales deben ser abordados bajo el enfoque de sistemas de producción*". *(v)*.

(v) Quesnel, Erick. El Método. Documento de trabajo. México 2009.
(v) Ibídem.

5.3 LA CAPACITACIÓN DESDE LA ÓPTICA DEL CONSTRUCTIVISMO

En el presente apartado se pretenden desarrollar los fundamentos teóricos básicos del constructivismo y su relación con la capacitación. Es decir la capacitación vista como un acto de intercambio y creación de conocimientos dados en el ámbito del trabajo.

Los procesos de enseñanza-aprendizaje deben provocar en los productores la superación de los conocimientos adquiridos de manera espontánea, sin un previo trabajo de construcción de los mismos.

Debido a que el "proceso de aprendizaje" se concreta actualmente en el desarrollo individual, se hacen necesarias un conjunto de herramientas teóricas que expliquen cómo ocurren estos procesos subjetivos de aprehender la realidad.

El constructivismo concibe el aprendizaje como resultado de un proceso de construcción personal de los nuevos conocimientos propuestos, a partir de los ya existentes y en cooperación con los productores y el prestador de servicios. En ese sentido se opone al aprendizaje receptivo o pasivo que considera a la persona como un pizarrón en blanco o una bóveda, donde la principal función de la enseñanza es vaciar o depositar conocimientos.

La educación y el desarrollo infantil son dos temas que van estrechamente relacionados. Estos fueron objeto de estudio de tres importantes autores: Jean Piaget, L. Vigotsky y David Ausubel, Estos autores se movieron bajo el paradigma constructivista. El constructivismo tiene como fin que el alumno construya su propio aprendizaje y cada autor lo maneja de una manera particular. Básicamente puede decirse que el constructivismo es el modelo que sostiene que una persona, tanto en los aspectos cognitivos, sociales y afectivos del comportamiento, no es un mero producto del ambiente ni un simple resultado de sus disposiciones internas, sino una construcción propia que se va produciendo día a día como resultado de la interacción de estos tres factores.

Las teorías psicológicas sobre el aprendizaje de **Piaget y de Ausubel** (genética - cognitiva) y de **Vigotsky** (socio-cultural) son corrientes que pertenecen a las Teorías Mediacionales, que consideran que en todo proceso de aprendizaje interviene de modo decisivo las peculiaridades de la estructura interna de los sujetos humanos. El aprendizaje es un proceso de conocimiento donde las condiciones externas actúan mediadas por las condiciones internas.

La corriente de la psicología Genética-Cognitiva agrupa principalmente a **Piaget, Ausubel** y Brunner, esta corriente señala la necesidad de estudiar la estructura cognitiva interna como mediadora de los procesos de aprendizaje: su génesis, su estructura, su funcionamiento. Los postulados relevantes de esta corriente son:

✓ El aprendizaje como adquisición, en su intercambio con el medio, es incomprensible sin su vinculación con la dinámica del desarrollo interno.

✓ La génesis mental puede representarse como un proceso dialéctico de evolución es espiral, la estructura inicial condiciona el aprendizaje, el aprendizaje modifica la estructura, que permite, por eso, aprendizajes más complejos.

✓ En el centro del proceso está la actividad como motor del desarrollo humano.

✓ Las estructuras cognitivas se construyen y son el resultado tanto de procesos genéticos como procesos de intercambio.

✓ Dos son los procesos de la construcción genética: a) asimilación: integración de los conocimientos nuevos a la estructura existente, y b) acomodación: de nuevas estructuras como consecuencia de los conocimientos precedentes.

El conocimiento no es una copia figurativa de lo real, es una elaboración subjetiva que desemboca en representaciones organizadas de lo real, y en formación de instrumentos formales de conocimiento.

La psicología socio-cultural presenta su base en los principios psicológicos del materialismo dialéctico. La Escuela soviética: (**Vigotsky**, Luria, Leontiev, Rubinstein, Luviskaia, Talizina, Galperin.) sostienen que el desarrollo humano es el resultado del intercambio entre la información genética y el contacto experimental con las circunstancias reales del medio históricamente constituido. El psiquismo y la conducta intelectual adulta son el resultado de una peculiar impregnación social del organismo de cada individuo. Será necesario determinar el nivel de desarrollo alcanzado en función de las experiencias previas y el grado de complejidad alcanzado en las estructuras funcionales del cerebro.

El desarrollo abarca un área desde su actitud independiente hasta su capacidad de actividad imitativa o guiada llamada "área de desarrollo potencial o zona de desarrollo próximo".

Jean Piaget nació en Neuchâtel el nueve de agosto de 1896. Fue el mayor de tres hijos (junto con Madeleine y Marthe). Su padre, autor de una tesis sobre literatura medieval, fue el historiador del cantón de Neuchâtel y ocupo el puesto de director de los archivos. Jean recibió tanto la influencia del padre, trabajador y riguroso, como la de su madre, a la que en varias ocasiones presento como una mujer neurótica.

Piaget fija las bases para una concepción didáctica basada en las acciones sensorial motrices y en las operaciones mentales (concretas y formales), basadas en la actividad y en la operación orientada y organizada, ya que las estructuras lógicas que logran transformar la realidad son el resultado, no del conocimiento de los objetos sino de la coordinación de acciones que el individuo ejerce al manipular y explorar la realidad objetiva. Cuatro son según Piaget los factores que intervienen en el desarrollo de las estructuras cognitivas y que la didáctica no puede obviar: la maduración, la experiencia física, la interacción social y el equilibrio. Otro aspecto destacado por Piaget, es el espacio central que ocupa el lenguaje como instrumento insustituible de las operaciones intelectuales más complejas. La carencia de él es un handicap para el ejercicio del pensamiento formal. También, destaca la importancia del conflicto cognitivo para provocar el desarrollo del alumno: el progresa cuestionando sus anteriores construcciones o esquemas en los que entendía la realidad y los supera.

Piaget, establece diferencias entre el "desarrollo y el aprendizaje". Según él no todo aprendizaje produce desarrollo: para que se produzca aprendizaje se requiere integración de las adquisiciones, mientras para el desarrollo se requiere transformación progresiva de las estructuras cognitivas del aprendizaje, adquisición de nuevos estructuras cognitivas, con el pensamiento y la inteligencia como instrumentos generales de conocimiento e intervención.

Es reconocido como una de las figuras más influyentes de la psicología y la pedagogía modernas y, sin duda, como la más importante en el estudio del desarrollo infantil. La teoría piagetiana explica, esencialmente, el desarrollo cognoscitivo del niño, haciendo énfasis en la formación de estructuras mentales.

La idea central de Piaget en efecto, es que resulta indispensable comprender la formación de los mecanismos mentales en el niño para conocer su naturaleza y funcionamiento en el adulto. Tanto si se trata en el plano de la inteligencia, de las operaciones lógicas, de las nociones de número, de espacio y tiempo, como, en el plano de la percepción de las constancias perceptivas, de las ilusiones geométricas, la única interpretación psicológica válida es la interpretación genética, la que parte del análisis de su desarrollo.

Jean Piaget concibe la formación del pensamiento como un desarrollo progresivo cuya finalidad es alcanzar un cierto equilibrio en la edad adulta. El afirma que el desarrollo es un perpetuo pasar de un estado de menor equilibrio a un estado de equilibrio superior.

Piaget sustenta que el pensamiento de los niños es de características muy diferentes a las de los adultos. Con la maduración se producen una serie de cambios sustanciales en las modalidades de pensar, que Piaget llamaba *metamorfosis*, es una transformación de las modalidades del pensamiento de los niños para convertirse en las propias de los adultos.

Según Piaget, las etapas del desarrollo cognitivo (Mussen 1984) son:
1) *etapa sensorio-motora* (0-2 años) donde los niños muestran una vivaz e intensa curiosidad por el mundo que les rodea.
2) *etapa preoperacional* (2-7 años) en la que el pensamiento del niño es mágico y egocéntrico (Piaget,1961)

3) *etapa de las operaciones concretas* (7-11 años), el pensamiento del niño es literal y concreto, pero la formulación abstracta, sobrepasa su captación.

4) *etapa de las operaciones formales* en el nivel adulto, es capaz de realizar altas abstracciones.

DEFINICIÓN DE CONCEPTOS BÁSICOS DE LAS TEORÍAS DE PIAGET

- *Esquema*: Es una actividad operacional que se repite (al principio de manera refleja) y se universaliza de tal modo que otros estímulos previos no significativos se vuelven capaces de suscitarla. Con el desarrollo surgen nuevos esquemas y los ya existentes se reorganizan de diversos modos.

- *Estructura*: es una integración equilibrada de esquemas.

- *Organización*: Permite al sujeto conservar en sistemas coherentes los flujos de interacción con el medio. Está formada por las etapas de conocimientos que conducen a conductas diferentes en situaciones específicas.

- *Adaptación*: Es un atributo de la inteligencia y es adquirida por la asimilación mediante la cual se adquiere nueva información y también por la acomodación mediante la cual se ajustan a esa nueva información.

- *Equilibrio*: Es la unidad de organización en el sujeto cognoscente. Son los denominados "ladrillos" de toda la construcción del sistema intelectual o cognitivo, regulan las interacciones del sujeto con la realidad, ya que a su vez sirven como marcos asimiladores mediante los cuales la nueva información es incorporada en la persona. El desarrollo cognoscitivo comienza cuando el niño va realizando un equilibrio interno entre la acomodación y el medio que lo rodea y la asimilación de esta misma realidad a sus estructuras. Es decir, el niño al irse relacionando con su medio ambiente, irá incorporando las experiencias a su propia actividad y las reajusta con las experiencias obtenidas; para que este proceso se lleve a cabo debe de

61

presentarse el mecanismo del equilibrio, el cual es el balance que surge entre el medio externo y las estructuras internas de pensamiento.

- o Proceso de Equilibración: Aunque asimilación y acomodación son funciones invariantes en el sentido de estar presentes a lo largo de todo el proceso evolutivo, la relación entre ellas es cambiante de modo que la evolución intelectual es la evolución de esta relación asimilación / acomodación. Para Piaget el proceso de equilibración entre asimilación y acomodación se establece en tres niveles sucesivamente más complejos:
  - El equilibrio se establece entre los esquemas del sujeto y los acontecimientos externos.
  - El equilibrio se establece entre los propios esquemas del sujeto.
  - El equilibrio se traduce en una integración jerárquica de esquemas diferenciados.

(Wadsworth,1991)

TIPOS DE CONOCIMIENTO

- o *El conocimiento físico.* Es, por ejemplo, cuando el niño manipula los objetos que se encuentran en el aula y los diferencia por textura, color, peso, etc.
- o *El conocimiento lógico-matemático.* La fuente de este razonamiento está en el sujeto y éste la construye por abstracción reflexiva.
- o *El conocimiento social.* Puede ser dividido en convencional (producto del consenso de un grupo social) y no convencional (aquel referido a nociones sociales y que es construido y apropiado por el sujeto).

Por su parte, Lev Semionovich Vygotsky nació el 5 de noviembre de 1896, en Orsha, capital de Bielorrusia. Su estancia en ella no fue más allá del año, porque su familia se trasladó a una ciudad más pequeña, también bielorrusa, Gomel. En ella pasó su infancia y su juventud y tuvo su primer trabajo profesional: profesor de Literatura de la Escuela de Magisterio. Además de ruso y alemán, Vygotsky estudió latín y griego, y leía hebreo, francés e inglés.

Vigotsky en oposición a Piaget plantea que el desarrollo sigue al aprendizaje puesto que es el aprendizaje quien crea el área de desarrollo potencial...También se opone a la posición etapista de Piaget: para explicar la evolución del niño, sostiene, no es necesario explicar si ha pasado por la etapa X, sino conocer cómo el individuo atravesó esas etapas, qué construyó en ellas, qué actividades realizó. La diferencia individual consiste en la orientación concreta que su desarrollo toma.

Para la psicología Soviética no son tanto las actividades y coordinación de acciones que realiza el individuo las responsables de las estructuras formales de su mente sino la apropiación del bagaje cultural producto de la evolución histórica de la humanidad que se transmite con la escultura escolar, y que no sólo implica contenidos culturales también supone formas, estrategias, modelos de conocimiento, de investigación, que el individuo capta, comprende, asimila y practica. Por eso resalta el valor de la instrucción de la transferencia educativa a través de la actividad tutorializada, más que a la actividad del aprendizaje espontáneo del niño.

Al igual que Piaget, le confieren importancia fundamental al desarrollo del lenguaje, porque con él ,el niño se apropia de un nuevo instrumento factor de desarrollo, primero lo asimila en la comunicación, luego lo transforma, por generalización, en instrumento del pensamiento y en instrumento para regular el comportamiento.

Esta posición es "constructivista" porque la actividad es el factor motor fundamental del desarrollo, pero no la actividad del individuo con su medio sino con la participación en procesos sociales; la experiencia no es neutra: toda experiencia tiene lugar en un mundo organizado con caracteres que sustentan una real intencionalidad socio histórica que subyace a las manifestaciones y ordenaciones de los elementos con los que el niño experimenta de los elementos físicos y sociales. Es en este mundo mediatizado, condicionado, donde se inicia el desarrollo mental y psíquico del individuo; en su contacto con objetos no solo se conecta con ellos sino con la intencionalidad de su construcción y con la funcionalidad social con la que se utiliza, se pone en contacto con el sentido de los objetos, es lógico que la escuela cuide la adquisición más depurada y organizada del sustrato de ideas, significados e intenciones, que configuran la estructura social y material de la comunidad donde se desarrolla la vida del futuro adulto, ciudadano.

Lo fundamental del enfoque de Vygotsky ha sido la de concebir al sujeto como un ser eminentemente social, en la línea del pensamiento marxista, y al conocimiento mismo como un producto social. En Vygotsky, algunos conceptos son fundamentales:

Funciones mentales inferiores
Aquellas con las que nacemos, son naturales y están determinadas genéticamente. El comportamiento derivado de éstas es limitado: está condicionado por lo que podemos hacer. Nos limitan en nuestro comportamiento a una reacción o respuesta al ambiente y la conducta es impulsiva.

Funciones mentales superiores
Se adquieren y se desarrollan a través de la interacción social. Puesto que el individuo se encuentra en una sociedad específica con una cultura concreta, estas funciones están determinadas por la forma de ser de la sociedad, son mediadas culturalmente y están abiertas a mayores posibilidades.

El conocimiento es resultado de la interacción social, en la interacción con los demás adquirimos conciencia de nosotros, aprendemos el uso de los símbolos que, a su vez, nos permiten pensar en formas cada vez más complejas. Para Vygotsky, a mayor interacción social, mayor conocimiento, más posibilidades de actuar, más robustas funciones mentales. El ser humano es un ser cultural y es lo que establece la diferencia entre el ser humano y los animales.

"*Las habilidades psicológicas* primeramente se manifiestan en el ámbito social y luego en el ámbito individual, como es el caso de la atención, la memoria y la formulación de conceptos. Cada habilidad psicológica primero es social, o interpsicológica y después es individual, personal, es decir, intrapsicológica. «Un proceso interpersonal queda transformado en otro intrapersonal. "

En el desarrollo cultural del sujeto, toda función aparece dos veces: primero, a escala social, y más tarde, a escala individual; primero, entre personas (interpsicológica), y después, en el interior del propio niño (intrapsicológica). Esto puede aplicarse igualmente a la atención voluntaria, a la memoria lógica y a la formación de conceptos. Todas las funciones psicológicas superiores se originan como relaciones entre seres humanos» (Vygotsky, 1978).

Zona de desarrollo próximo
Es la distancia entre el nivel real de desarrollo, determinado por la capacidad de resolver independientemente un problema, y el nivel de desarrollo potencial, determinado a través de la resolución de un problema bajo la guía de un adulto o en colaboración con un compañero más capaz.

La construcción resultado de una experiencia de aprendizaje no se transmite de una persona a otra, de manera mecánica como si fuera un objeto sino mediante operaciones mentales que se suceden durante la interacción del sujeto con el mundo material y social.

Vygotsky (1978) destacó el valor de la cultura y el contexto social, que veía crecer el niño a la hora de hacerles de guía y ayudarles en el proceso de aprendizaje. Vygotsky (1962, 1991) asumía que el sujeto que aprende tiene la necesidad de actuar de manera eficaz y con independencia y de tener la capacidad para desarrollar un estado mental de funcionamiento superior cuando interacciona con la cultura (igual que cuando interacciona con otras personas). El sujeto tiene un papel activo en el proceso de aprendizaje pero no actúa solo.

Aprende a pensar creando, a solas o con la ayuda de alguien, e interiorizando progresivamente versiones más adecuadas de las herramientas "intelectuales" que le presentan y le enseñan.

Las interacciones que favorecen el desarrollo incluyen la ayuda activa, la participación "guiada" o la "construcción de puentes" de un adulto o alguien con más experiencia. La persona más experimentada puede dar consejos o pistas, hacer de modelo, hacer preguntas o enseñar estrategias, entre otras cosas, para que el niño pueda hacer aquello, que de entrada no sabría hacer solo. Para que la promoción del desarrollo de las acciones autorreguladas e independientes del niño sea efectiva, es necesario que la ayuda que se ofrece esté dentro de la zona "de desarrollo próximo".

Los investigadores actuales estudian la relación entre la zona de desarrollo próximo, el andamiaje, el diseño instructivo y el desarrollo de entornos adecuados para el aprendizaje. Dunlap y Grabinger (1995) resumieron el concepto de andamiaje cómo: "el andamiaje implica ofrecer un apoyo adecuado y guiar a los sujetos en función de su edad y el nivel de experiencia. Los entornos auténticos buscan el equilibrio entre el realismo y las habilidades, las experiencias, el grado de madurez, la edad y los conocimiento de lo aprendiendo. El andamiaje, implica guiar a través de consejos, preguntas y material que dirigen al sujeto, en este caso al productor, mientras resuelve problemas. Pero dirigir no quiere decir explicar. Los profesores tienen que preparar el terreno para que los alumnos identifiquen aquello que necesitan hacer, en lugar de explicarles los pasos a seguir, como sí se tratara de un algoritmo. Los estudiantes han de aprender de qué manera pueden solucionar los problemas y superar obstáculos, aparte de aprender a solucionar los problemas en sí. Y todavía más importante, han de aprender a sentirse seguros con el sistema empírico."

Vygotsky también destacó la importancia del lenguaje en el desarrollo cognitivo: si los niños disponen de palabras y símbolos, son capaces de construir conceptos mucho más rápidamente. Creía que el pensamiento y el lenguaje convergían en conceptos útiles que ayudan al razonamiento. Observó que el lenguaje era la principal vía de transmisión de la cultura y el vehículo principal del pensamiento y la autorregulación voluntaria.

La teoría de Vygotsky se demuestra en las aulas dónde se favorece la interacción social, donde los profesores hablan con los niños y utilizan el lenguaje para expresar aquello que aprenden, donde se anima a los niños para que se expresen oralmente y por escrito y donde se valora el diálogo entre los miembros del grupo.

Por último, David Ausubel nació en Nueva York en el seno de una familia de inmigrantes judíos de Europa Central. Cursó estudios en la Universidad de Nueva York. Ausubel, es el creador de la teoría del aprendizaje significativo, que responde a una concepción cognitiva del aprendizaje.

Ausubel sostiene que para lograr la adquisición de nuevos conocimientos se requieren tres condiciones:

a) Signifivicatividad potencial -Significatividad lógica (Dimensión lógica): coherencia de la estructura interna del material, secuencia lógica en los procesos y consecuencia en las relaciones entre sus componentes constituyentes: que estos contenidos,

b) Significatividad Psicológica (Dimensión cognitiva): que sus contenidos, esa estructura lógica, sea comprensible desde la estructura cognitiva que posee el sujeto que aprende;

c) La disposición positiva del individuo (Dimensión afectiva) respecto del aprendizaje: motivaciones intrínsecas.

Lo central de la teoría reside en la comprensión del ensamblaje del nuevo material con los contenidos conceptuales de la estructura del sujeto. La estructura cognitiva del sujeto debe incluir: capacidad intelectual, contenido ideativo y antecedentes experienciales, que deben conocerse antes de la tarea de la enseñanza.

Ausubel, explicando ese ensamblaje, informa que la estructura cognitiva de cada sujeto manifiesta una organización jerárquica y lógica, en la que cada concepto ocupa un lugar en función de su nivel de abstracción, de generalidad y capacidad de incluir otros conceptos...los significativos de ideas y proposiciones se adquieren en un proceso de inclusión correlativa en estructuras más genéricas. Un aprendizaje de este tipo requiere organizadores de ideas generales con fuerte capacidad de inclusión, y esquemas procesuales que indiquen la estructura de la jerarquía y la secuencia de su funcionamiento. Es decir, este aprendizaje puede ayudarse desde fuera siempre que se organice el material de una forma lógica y jerárquica y se presente en con secuencias ordenadas en función de su potencialidad de inclusión. El aprendizaje se genera en la interacción del concepto potencialmente significativo con las ideas pertinentes ya poseídas por el alumno.

El problema que se le plantea a Ausubel es el papel del aprendizaje por descubrimiento: es difícil entender como estas estructuras se forman con la sola actividad interna. Las habilidades de investigación y solución de problemas requieren de acciones concretas y no de la sola organización del contenido como material significativo.

La teoría de Ausubel acuña el concepto de "aprendizaje significativo" para distinguirlo del repetitivo o memorístico y señala el papel que juegan los conocimientos previos del alumno en la adquisición de nuevas informaciones. La significatividad sólo es posible si se relacionan los nuevos conocimientos con los que ya posee el sujeto.

Para Ausubel, aprender es sinónimo de comprender. Por ello, lo que se comprenda será lo que se aprenderá y recordará mejor porque quedará integrado en nuestra estructura de conocimientos.

Ausubel hace una fuerte crítica al aprendizaje por descubrimiento y a la enseñanza mecánica repetitiva tradicional, al indicar que resultan muy poco eficaces para el aprendizaje de las ciencias. Estima que aprender significa comprender y para ello es condición indispensable tener en cuenta lo que el alumno ya sabe sobre aquello que se le quiere enseñar.

El aprendizaje significativo aparece en oposición al aprendizaje sin sentido, memorístico o mecánico. El termino "significativo" se refiere tanto a un contenido con estructuración lógica propia como a aquel material que potencialmente puede ser aprendido de modo significativo, es decir, con significado y sentido para el que lo internaliza. (Ausubel et al, 1983)

El primer sentido del término se denomina sentido lógico y es característico de los contenidos cuando son no arbitrarios, claros y verosímiles, es decir, cuando el contenido es intrínsecamente organizado, evidente y lógico. El segundo es el sentido psicológico y se relaciona con la comprensión que se alcance de los contenidos a partir del desarrollo psicológico del aprendiz y de sus experiencias previas. Aprender, desde el punto de vista de esta teoría, es realizar el transito del sentido lógico al sentido psicológico, hacer que un contenido intrínsecamente lógico se haga significativo para quien aprende.

Para Ausubel la estructura cognoscitiva consiste en un conjunto organizado de ideas que preexisten al nuevo aprendizaje que se quiere instaurar. Los nuevos aprendizajes se establecen por subsunción. Esta forma de aprendizaje se refiere a una estrategia en la cual, a partir de aprendizajes anteriores ya establecidos, de carácter más genérico, se puede incluir nuevos conocimientos que sean subordinables a los anteriores.

Los conocimientos previos más generales permiten anclar los nuevos y más particulares. La estructura cognoscitiva debe estar en capacidad de discriminar los nuevos conocimientos y establecer diferencia para que tengan algún valor para la memoria y puedan ser retenidos como contenidos distintos. Los conceptos previos que presentan un nivel superior de abstracción, generalización e inclusión los denomina Ausubel organizadores avanzados y su principal función es la de establecer un puente entre lo que el alumno ya conoce y lo que necesita conocer.

Desde el punto de vista didáctico, el papel del mediador (el PSP) es el de identificar los conceptos básicos de una disciplina dada, organizarlos y jerarquizarlos para que desempeñen su papel de organizadores avanzados. Ausubel distingue entre tipos de aprendizaje y tipos de enseñanza o formas de adquirir información. El aprendizaje puede ser repetitivo o significativo, según que lo aprendido se relacione arbitraria o sustancialmente con la estructura cognoscitiva.

La enseñanza, desde el punto de vista del método, puede presentar dos posibilidades ampliamente compatibles, primero se puede presentar el contenido y los organizadores avanzados que se van a aprender de una manera completa y acabada, posibilidad que Ausubel llama aprendizaje receptivo o se puede permitir que el aprendiz descubra e integre lo que ha de ser asimilado; en este caso se le denomina aprendizaje por descubrimiento.

Dado que en el aprendizaje significativo los conocimientos nuevos deben relacionarse sustancialmente con lo que el alumno ya sabe, es necesario que se presenten, de manera simultánea, por lo menos las siguientes condiciones:

- El contenido que se ha de aprender debe tener sentido lógico, es decir, ser potencialmente significativo, por su organización y estructuración.
- El contenido debe articularse con sentido psicológico en la estructura cognoscitiva del aprendiz, mediante su anclaje en los conceptos previos.
- El estudiante debe tener deseos de aprender, voluntad de saber, es decir, que su actitud sea positiva hacia el aprendizaje.
- En síntesis, los aprendizajes han de ser funcionales, en el sentido que sirvan para algo, y significativos, es decir, estar basados en la comprensión.

Ausubel considera que el aprendizaje por descubrimiento no debe ser presentado como opuesto al aprendizaje por exposición (recepción), ya que éste puede ser igual de eficaz, si se cumplen unas características. De acuerdo al aprendizaje significativo, los nuevos conocimientos se incorporan en forma sustantiva en la estructura cognitiva del alumno, pero también es necesario que el alumno se interese por aprender lo que se le está mostrando.

Las ventajas del aprendizaje significativo son:

- Produce una retención más duradera de la información.
- Facilita el adquirir nuevos conocimientos relacionados con los anteriormente adquiridos.

- La nueva información al ser relacionada con la anterior, es guardada en la memoria a largo plazo.
- Es activo, pues depende de la asimilación de las actividades de aprendizaje por parte del alumno.
- Es personal, ya que la significación de aprendizaje depende los recursos cognitivos del estudiante.

Con las bases teóricas anteriormente descritas, la prestación de servicios y en especial el servicio de capacitación tendrá una orientación diferente, ésa es la pretensión de la Maestría y de este trabajo en especial.

Si el trabajo es la fuente natural del aprendizaje y todos los seres humanos contamos con las bases neurofisiológicas y el PSP entiende el proceso de aprender a desaprender para aprender; por tanto, las sesiones de trabajo aprendizaje entre los productores y el prestador de servicios deben estar orientadas a:

- predisponer a los participantes a buscar un nuevo aprendizaje
- ayudar a motivar
- conocer o evaluar los conocimientos previos de los participantes
- facilitar la búsqueda de información,
- comprender y contrastar los nuevos conocimientos con los que el participante tenía previamente
- ejercitar, y
- evaluar y retroalimentar

Lo más importante es convertir las situaciones de trabajo en situaciones de aprendizaje.

¿Pero, qué es un Prestador de servicios?

Una red de prestadores de servicios de la FR: "Es un cuerpo de especialistas altamente capacitados (basada en el Método de Trabajo Aprendizaje) en la conducción de procesos de integración económica de las cadenas productivas en los ámbitos regional y microregional, que funjan como soporte de las políticas crediticias de las agencias". Con objetivos conductores como:

- Identificar, caracterizar y posicionarse estratégicamente las cadenas prioritarias en cada una de las regiones.

- Identificar las alternativas de desarrollo en cada una de las cadenas prioritarias identificadas y formular los *mapas de proyecto para las cadenas*, a partir del diseño de los productos y servicios **demandados específicamente por el mercado.**

- Identificar e integrar gradualmente a grupos de productores pertenecientes a *cada una de las cadenas prioritarias identificadas en torno a un mismo proyecto.*

- Lograr la *apropiación por los productores de los proyectos por cadena* a partir de procesos de capacitación para el autodiagnóstico y para la reformulación de los mapas de cadena. (Los productores arriban a las conclusiones que caracterizan la cadena productiva y la conducen al diseño del proyecto contenido en los mapas, conjugando la planeación regional con los intereses de cada grupo de productores).

- Evaluar la *dificultad para establecer los proyectos por cadena en función de su complejidad*, del proceso de apropiación de los productores.

- Establecer, a lo largo de tres años, un proceso de *incorporación de nuevos grupos de productores de cada cadena productiva atendida, en la lógica productiva establecida por los proyectos de cadena.*

- Asegurar que *cada unidad familiar* de producción incorporada en los proyectos de integración económica de la cadena productiva, establezca un *proceso de reordenamiento de sus recursos productivos, que minimice los recursos destinados a la producción autoconsumo y maximice la suficiencia y calidad alimentaria de esta producción.* Eliminar la *falsa disyuntiva entre producción comercial y producción de autoconsumo y genere una complementariedad y soporte mutuo entre ambas, disminuyendo los problemas de desnutrición de la población rural y construyendo una base que sustente la maduración de los proyectos de integración económica.*

Considerando la lógica de estructuración de las cadenas de producción, la apropiación de nuevas Funciones Económicas:

Constituye: *actos de mercado*

Genera: *agregación de valor*

Incorpora: *agentes económicos*

Involucra: *empresas*

Requiere: *escalas económicas*

El Prestador de servicios que se forma en la Maestría en Prestación de Servicios Profesionales aprende que la persona interviene en el proceso de aprendizaje con todas sus capacidades, emociones, habilidades, sentimientos y motivaciones; por lo tanto, los contenidos de la enseñanza no deben limitarse sólo al aprendizaje de hechos y conceptos (contenido conceptual), sino que es necesario atender en la misma medida a los procedimientos (c. procedimental), las actitudes, los valores y las normas (c. actitudinal), si se quiere una adaptación activa de la persona a nuevas situaciones sociales. Así mismo, hay que considerar sus propios estilos, ritmos y estrategias de aprendizaje. Esto es, trabaja potencializando las competencias laborales de sus productores.

Este enfoque resulta especialmente importante para la enseñanza aprendizaje de contenidos actitudinales, lo cual es una debilidad en la mayoría de propuestas. De acuerdo con ella, la persona desarrolla una llamada *capacidad vicaria*, la cual le permite el aprendizaje por observación, mediante la imitación, por lo general inconsciente, de las conductas y actitudes de personas que se convierten en modelos, cuyos patrones de comportamiento son aprendidos en un proceso de aprendizaje de tres fases: atención, retención y reproducción. Con relación a ello, lo más importante es que con la práctica las personas aprendan generalizaciones más que ejemplos específicos.

Siguiendo a Moisés Huerta, un método es activo cuando genera en la persona una acción que resulta de su propio interés, necesidad o curiosidad. El facilitador es en ese sentido, quien debe propiciar dicho interés planificando situaciones de aprendizaje estimulantes, si descuidar que los métodos son el medio y no el fin. "La metodología activa se debe entender como la manera de enseñar que facilita la implicación y la motivación" (Huerta, M. 2002 "Enseñar a aprender significativamente"; pág. 81)

El PSP habrá de tener presente que para potencializar el aprendizaje de los productores habrá de desarrollar un conjunto de actividades que propicien la interacción de la persona con el medio, con sus pares, privilegiando dinámicas que pueden ser individuales, en binas, en equipos pequeños y en grupo grande. Del mismo modo hay que preocuparse por implicar a la persona en el proceso de aprender. Al proceso permanente de reflexión y de toma de conciencia sobre cómo se aprende se le denomina *metacognición*

5.4 LA CAPACITACIÓN, UNA NUEVA PERCEPCIÒN DEL PSP

5.4.1 ANTECEDENTES DE LA EXPERIENCIA

El entorno económico y político ha cambiado considerablemente en los últimos dos años, la crisis ha afectado fuertemente a las micro y pequeñas empresas de México, sus dueños y/o dirigentes redujeron el presupuesto destinado a la capacitación, frenaron los planes de crecimiento y su temor al fracaso se acentuó. La experiencia dice que una crisis como la que estamos viviendo actualmente, se supera con mayor capacitación, con más inversión en capital humano y con una visión de crecimiento; desafortunadamente la gran mayoría de nuestro microempresarios piensan diferente, dejan de invertir, contraen su producción, cierran sucursales o reducen sus turnos de trabajo, despidiendo a personal con mucha experiencia, altamente capacitados para desarrollar sus actividades y cuando la crisis pasa, la empresa está mal parada, incapaz de satisfacer la demanda urgente del mercado porque no están en condiciones de producir a gran velocidad por la falta de personal con experiencia ó simplemente los compradores no conocen sus productos y su calidad.

Por lo tanto, repuntar es más difícil y mucho más costoso que invertir durante la crisis en su capital humano. De invertir durante la crisis y al concluir ésta, la empresa está fortalecida y lista para satisfacer la demanda de mercado.

Se puede considerar que la idea de constituir una SOFOM para el grupo Comillas, nace de la experiencia que se tiene al habilitar a los productores de nuez a tasa cero (sus proveedores), cuando el dinero tiene su costo financiero y en crisis la incertidumbre financiera se acentúa, las fuentes de fondeo restringen sus recursos, y por lo tanto; el recurso económico se encarece.

La forma de dispersión de crédito por parte del Grupo Comillas del Conchos no es la más correcta, sus dirigentes necesitan además de habilidades o destrezas (que ya poseen) adquirir conocimientos del proceso crediticio y tomar una actitud de lucha para conocer y resolver los problemas a los que se van a enfrentar durante la operación normal de la SOFOM.

5.4.2 OBJETIVOS DE LA CAPACITACIÓN

a).- Ayudar al personal y dirigentes de Financiera del Conchos a que desarrollen las capacidades de "innovación, adaptación, autonomía creciente y aprendizaje" que requieren para dispersar crédito de una forma competente.

b).- Permitir que el Consejo de Administración decida que necesita que su personal aprenda.

c).- Propiciar que todas las personas involucradas en el proceso crediticio aprendan (saberes y saberes–haceres) lo que la realidad de su trabajo requiere.

5.4.3. CONCEPCIÓN DE LA CAPACITACIÓN

La capacitación está orientada a fortalecer las capacidades adquiridas, que sean expresadas racionalmente y que el personal las pueda hacer extensivas a nuevas realidades o aprendizajes (transferencia).

La capacitación como medio que va a permitir desarrollar en el personal los conocimientos, habilidades, destrezas y actitudes necesarios para participar en la operativa de la SOFOM de forma organizada, conciente y responsable, asegurando el éxito de Financiera del Conchos.

Todo el personal debe conformar un solo equipo de trabajo que compartirá conocimientos, experiencias y competencias formales y no formales (en una conjunción de saber popular y saber científico), producto de su propia práctica que se quiere analizar y reflexionar, en beneficio del desarrollo de la empresa y de la integración económica de quienes dependen de ella.

La capacitación debe corresponder a la necesidad de dispersar crédito de forma oportuna, adecuada y con la ética que habrá de identificar a la SOFOM como una empresa socialmente responsable.

5.4.4 CONTENIDOS DE LA CAPACITACIÓN

Durante el proceso de acompañamiento, siempre se buscó que las fuentes de los contenidos de capacitación fueran los requerimientos de aprendizaje de los empleados; en la práctica, la mayoría de los contenidos fueron determinados por el Consejo de Administración a partir de la capacitación participativa centrada en el trabajo, esto permitió la integración del personal en un equipo muy participativo y que el proceso de crédito que realizaban de forma mecánica y rutinaria, lo convirtieran en un proceso conciente, incluso modificaron formatos y simplificaron el análisis de crédito.

En mi labor de moderador y capacitador, orienté al Consejo de Administración para definir los contenidos de capacitación realizando las siguientes actividades:

- Priorizar la información indispensable para establecer e implantar el proceso de crédito, principalmente en sus fases de: Promoción, Análisis, Autorización, Formalización, Dispersión, Administración y Recuperación.
- Identificar, elaborar e implementar todos los formatos, cartas, folletos y documentos necesarios para la dispersión de crédito.
- Diseñar los productos y servicios que habría de ofrecer la SOFOM.
- Ubicar la etapa del proceso que aportaría el análisis y la reflexión sobre la relación entre el quehacer concreto y el aprendizaje.
- Definir formas de verificación de lo aprendido

5.4.5. DESARROLLO METODOLÓGICO

Los principios rectores se concretaron mediante la aplicación de una planeación participativa y la estrategia de formación en alternancia. La participación activa de los empleados en los talleres y con acciones guiadas por mí, enfrentaron los problemas de Financiera del Conchos que se tenían para dispersar crédito, la participación colectiva consistente en investigar la forma de operar de otras sofomes permitió formular, operar y evaluar los propios planes establecidos previamente por la empresa.

Los principales criterios estratégicos fueron los siguientes:

- Trabajar con una visión a corto plazo en poner en marcha a la SOFOM.
- Trabajar con una visión a mediano plazo sobre el presupuesto, rentabilidad y posicionamiento de la empresa en el mercado.
- Trabajar con una visión a largo plazo sobre los planes y estrategia de crecimiento.

- Trabajar con base al presupuesto elaborado por el Consejo de Administración.

- Se respetaron y aprovecharon las formas y ritmos del trabajo y aprendizaje de los empleados; respetando así mismo el calendario y horario autorizado por la empresa para llevar a cabo la capacitación.

- En cada evento se revisaban los avances de las tareas asignadas, se fijaban las nuevas y tomaban acuerdos para ser aplicados durante el proceso de acompañamiento de la puesta en marcha de la SOFOM, o se aplicaban a la mejora continua del proceso de crédito.

- La retroalimentación consistió en mostrarles en la práctica las mejoras que ellos mismos iban haciéndole a todo el proceso crediticio; que se apropiaran de la operativa, que se sintieran parte fundamental de la empresa, que fueran conscientes de cómo era el otorgar crédito antes de la capacitación y como es después de ella. Se ha comprobado que cuando el empleado se apropia de una actividad y la desarrolla, pone en acción sus funciones neuronales en lo intelectual (lógico – cognitivo), sensitivo, motor, social y emocional.

- De cómo han cambiado ellos en su relación con sus compañeros antes de formar y trabajar en un solo equipo y como actúan después de afrontar y resolver una serie de problemas como la falta de organización y de comunicación de su empresa y de ellos mismos.

Al recuperar, analizar y confrontar los aportes estratégicos de las experiencias de los empleados, se le da la concepción de una capacitación integrada con carácter reflexivo - participativo.

5.4.6. ESTRATEGIA DE OPERACIÓN

La metodología de trabajo – aprendizaje sirvió de guía para llevar a cabo el proceso de capacitación de forma permanente del personal y dirigentes de Financiera del Conchos.

El Ing. Ulises López en cierto momento efectúo una ruptura epistemológica, abandonando el papel de "que todo lo sabe" para aprender a escuchar, observar, preguntar, apuntar y volverse un líder conductor de su personal durante el proceso de formación, aportando lo pertinente para coadyuvar a la solución de los problemas de su empresa, problemas que los empleados aprendieron a enfrentar en forma colectiva guiados por mí; esto implicó el acompañamiento en el trabajo cuando desarrollaban sus actividades, eventualmente participaba directamente, los observaba desempeñarse, hacía preguntas como ¿Por qué se cobra un interés? ¿Por qué se verifica el buró de crédito? ¿Por qué es importante conocer la capacidad de pago del cliente? ¿Para qué? ¿Por qué así, esto y no aquello o de otra manera?, etc. Tomaba nota y solo en forma muy puntual y por solicitud expresa daba orientaciones del que hacer.

5.4.7 EVALUACIÓN

a) Diseño evaluativo

No se alcanzó a tener un programa general de evaluación de la experiencia de trabajo aprendizaje como tal. Sin embargo, la SOFOM inició operaciones implementando el proceso crediticio diseñado por sus empleados y como mecanismo de evaluación específica se hizo conciencia de los errores y las inconsistencias en el arranque y en la validación de su puesta en marcha.

El principal instrumento práctico de evaluación fue el proceso de crédito diseñado durante la capacitación, los formatos a utilizar en la operativa propia, las reglas de operación y la elaboración de los manuales de crédito, organización y control interno.

b) Resultados de impacto

Los empleados que participaron en la capacitación adquirieron el hábito de trabajar en equipo, de razonar sus actividades, aprendieron que son capaces de investigar logrando una mayor claridad de su propio trabajo y una mayor capacidad de efectuar sus labores con un más alto nivel de racionalidad, se volvieron más organizados y aprendieron a realizar la planeación de sus actividades de forma semanal y mensual.

Ulises aprendió a reflexionar sus propias experiencias, a conocer su verdadera realidad y actuar sobre ella, que no se puede cambiar lo que no se conoce, adquirió conocimientos sobre la administración de créditos y como eficientar sus procesos de colocación y recuperación, aprendió a planificar y ejecutar con éxito sus propios procesos organizativos.

Se realizó un plan de capacitación permanente sobre las necesidades detectadas durante la puesta en marcha y los primeros seis meses de operación.

c) Factores internos y externos que incidieron el desarrollo de la capacitación

Los factores que favorecieron:
1) La aplicación de la estrategia de formación en alternancia, con una secuencia de eventos tal que la realización de uno sirviera de antecedente y preparación del siguiente, en un proceso de investigación - acción con una muy buena participación activa de todo el personal.

2) La planeación de la capacitación a partir del diagnóstico y del presupuesto elaborado por miembros del Consejo de Administración, esto permitió tener un programa de trabajo flexible el cual fue respetado por todos los involucrados en la capacitación.

3) La metodología aplicada de Trabajo – Aprendizaje, facilitó la participación individual y grupal, permitió la homogenización de criterios acerca de cómo debía operar la empresa y que proceso crediticio debía implementar lo cual favoreció a la Financiera la adopción de una técnica alternativa para la solución futura de problemas.

4) Como los contenidos que se desarrollaron durante la capacitación siempre fueron de la situación real de la empresa, esto mantuvo vivo el interés de los participantes, en especial el de los dirigentes de la SOFOM.

5) Durante el desarrollo de la capacitación, se eliminaron los espacios para las cuestiones personales, la descalificación de la empresa y los conflictos frontales entre, de y para los subordinados como de y para los accionistas.

6) La motivación original por parte del Consejo de poner en marcha a la SOFOM, permitió que los recursos humanos y económicos no fueran determinantes.

Los factores que obstaculizaron:

1) El hecho que los directivos querían que yo les diseñara, elaborara e implementara (obligadamente) la forma de operar de la SOFOM, que modificara de acuerdo a mi experiencia el presupuesto que ellos elaboraron y que de acuerdo a como yo veía el perfil de su personal "fijara las metas a corto y mediano plazo", retrasó dos meses y medio la capacitación.

2) La dedicación al trabajo de los empleados, no fue correspondida con una mejora material lo que provocó rotación de personal.

    c) El cambio físico de las oficinas (2 en un lapso de un año), provocó ruptura en la continuidad del proceso de capacitación.

d) Los aprendizajes de la experiencia

El haber utilizado por primera vez la metodología trabajo – aprendizaje en la capacitación en lugar de la pedagogía tradicional que el maestro lo sabe todo, lo dice todo y el capacitando sólo escucha, me permitió aprender a observar, escuchar, ser paciente, a llevar una bitácora y a ser más moderador e integrador.

El tiempo que duró la capacitación fue muy satisfactorio, favoreció una profunda reflexión sobre la relación laboral entren Ulises y un servidor, logré influir en su conducta, hoy es más objetivo, le dedica más tiempo a la administración de la empresa, ya delega responsabilidades y supervisa de una manera rápida y eficaz, lo cual le da tiempo para continuar con lo que realmente le gusta hacer: política.

6. ESTRATEGÍA DE INTERVENCIÓN

6.1 ACOMPAÑAMIENTO DE FINANCIERA DEL CONCHOS S.A. DE C.V., SOFOM, ENR

Nos referimos a un proceso de capacitación mediante el cual el personal operativo y administrativo desarrolla las competencias necesarias para operar adecuadamente la SOFOM, incluidas las actividades desarrolladas en los siguientes puntos:

6.1.1. MISIÓN, VISIÓN Y VALORES

En reunión con el Consejo de Administración, celebrada el 5 de septiembre de 2008, en las oficinas de Financiera del Conchos, después de una lluvia de ideas sobre la esencia de la SOFOM, se llegó a lo siguiente:

MISION

La Misión de Financiera del Conchos consiste en "impulsar el financiamiento, la capacitación, la asesoría en el desarrollo de las diversas actividades económicas vinculadas al medio rural, impulsando el mejoramiento del nivel de vida de su población, otorgando créditos de manera sustentable, prestando diversos servicios financieros a los productores del sector rural.

VISION

Ser líderes en la industria en la que participamos y consolidar un sistema de financiamiento y canalización de recursos financieros; asistencia técnica, capacitación y asesoría en el sector rural.

VALORES

"Financiera del Conchos" se caracteriza por ser una empresa con un rango de valores muy alto, que se fomenta tanto dentro como fuera de la organización.

Es así como:

- Integridad,
- Honestidad,
- Seguridad,
- Amor al trabajo; y
- Actitud de servicio

Son los valores que se procuran fomentar entre todos los empleados. La promoción de estos se realiza primeramente gracias al ejemplo de los socios de la empresa.

6.1.2. SITUACIÓN CON EL SAT

Cuando se dio de alta la SOFOM ante el SAT el 19 de julio de 2007, la dependencia no contaba en su Sistema Tributario con la figura de una SOFOM y fue dada de alta en su actividad como "Transmisores, dispersores de dinero. Dispersores"; es obvio que las obligaciones y los beneficios fiscales son totalmente diferentes. Esta circunstancia la detecté en el mes de marzo de 2008 y fue corregida el 8 de abril de 2008, quedando registrada su actividad como "Sociedad Financiera de Objeto Múltiple".

Dentro del acompañamiento realizado a Financiera del Conchos en diferentes fechas comprendidas de abril de 2008 a mayo de 2009, se apoyó a Ulises López que las obligaciones ante el SAT fueran correctas, poniendo cuidado especial en los siguientes puntos:

A. Alta.- fue corregida.

B. Datos correctos.- Los datos registrados estaban correctos.

C. Cumplimiento de obligaciones fiscales:

- Declaración y pago de ISR
- Declaración y pago del IVA
- Declaración y pago del IETU
- Declaración y pago del ISTP y asimilados

- Declaración y pago de retención por honorarios y arrendamiento
- DIOT (declaración IVA por operaciones a terceros)
- Impuestos sobre nómina
- Declaración anual
- Informativa de sueldos y salarios (anual)
- Informativa de retenciones (anual)

La empresa al 31 de mayo de 2009, ha cumplido al pie de la letra con sus obligaciones fiscales.

6.1.3. SITUACIÓN CON EL IMSS E INFONAVIT

En fecha 12 de noviembre de 2007 se dio de alta la SOFOM ante el IMSS e INFONAVIT, asesorando a Ulises para que los datos de dicha alta fueran correctos y se cumpliera las obligaciones IMSS e INFONAVIT siguientes:

- Pago mensual de cuotas obrero patronales
- Pago bimestral INFONAVIT y afores
- Informativa de riesgos del trabajo
- Operación del SUA

6.1.4. SITUACIÓN CONTABLE

El acompañamiento otorgado a la SOFOM en su situación contable ha sido solo de revisión y asesoría, dado que la empresa cuenta con un despacho externo. Los puntos de revisión son:

A. Balance

B. Estado de resultados

C. Analíticos

D. Conciliaciones bancarias

E. Registro de operaciones

- Ingresos
- Egresos
- Depreciaciones
- Creación de reservas

- Impuestos

- Gastos financieros

F. Paquete contable

  - Tipo del paquete contable y de cartera

  - Manuales de operación

  - Permisos de uso

  - Respaldo de la información

Las revisiones realizadas a la información contable fueron el 8 de abril de 2008 y el 13 de octubre de 2008, no detectando error en los reportes finales emitidos por su despacho externo.

6.1.5. SITUACIÓN LABORAL

En reunión celebrada el 9 de octubre de 2007 en las oficinas de Financiera del Conchos, ubicadas en la Ave. Industrias No. 6701-6, Col. Nombre de Dios, Chihuahua, Chih., estando presentes el Sr. Lic. Eustacio López, Julio López, Ulises López y un servidor; en una mesa redonda y después de discutir cuales puntos laborales eran importantes que la SOFOM debía contemplar cuando iniciara operaciones; se concluyó que los más relevantes son los siguientes:

A. Que cada empleado contratado debe contar con un Contrato laboral debidamente firmado

B. Que se debe contar con un Reglamento interno de trabajo registrado ante la JLCA

C. Se debe constituir una Comisión mixta de seguridad e higiene registrada ante la JLCA

D. Se debe realizar un programa anual de capacitación

E. Diseñar un registro de entradas y salidas donde cada empleado estampe su firma

F. Cada empleado debe firmar un recibo de percepción de su nómina.

6.1.6. SITUACIÓN CON CONDUSEF

Para regularizar la situación de la SOFOM ante la CONDUSEF, con fecha 2 de agosto de 2007, se asesoró a la Srita. Karla Jordan para que la diera de alta enviando el oficio de aviso a dicha dependencia.

Con fecha 26 de noviembre de 2007, se acompaño y se asesoró a la Srita. Jordan para que vía Internet realizara los siguientes procedimientos:

A. Crear la Unidad especializada de atención a usuarios

B. Realizar el registro de contratos de adhesión (RECA)

C. Realizar el registro público de comisiones (RECO)

D. Dar el cierre a los reportes trimestrales de la Unidad Especializada de Atención a Usuarios, y

F. Dar cumplimiento de la normativa vigente

6.1.7. SITUACIÓN CON LA FINANCIERA RURAL

Para cumplir con los requisitos para calificar una línea de crédito con Financiera Rural, fue necesario elaborar un Diagnostico y un Plan de Negocios.

La primera reunión de trabajo con Ulises López y su padre el Lic. Eustacio López fue el 11 de junio de 2007 en el restaurante Sambors a las 8:12 a.m.; en dicha reunión se trató el tema del costo de los honorarios por la asesoría para elaborar el proyecto de la constitución de la SOFOM, el costo del Diagnostico y el Plan de Negocios y las fechas de entrega de los documentos finales. Se cerró el trato de forma verbal con los siguientes acuerdos:

1.- El elaborar el machote del acta constitutiva, entregarla al Corredor Público Lic. Enrique Medina para su revisión y elaboración sería en un plazo máximo de tres días hábiles y sin costo alguno. Se cumplió este compromiso quedando legalmente constituida el 9 de julio de 2007 bajo Póliza Número 4748, del libro de registro de Sociedades Mercantiles número uno.

2.- El costo del Diagnostico y el Plan de Negocios sería cubierto en un 70% por Financiera Rural y el 30% por la SOFOM siempre y cuando la línea de crédito fuera Autorizada. El tiempo de entrega de los productos quedó pactado para el 31 de octubre de 2007 como máximo; aun si la línea fuera autorizada y no se cumplió en tiempo con la entrega de los documentos, nuestro trabajo sería sin costo.

3.- Para poder cumplir con el punto dos en forma, se acordó que la información por mí solicitada y las reuniones que yo convocara serían respetadas y cumplidas en los términos acordados en cada una de ellas, de lo contrario el punto dos queda sin efecto y el costo de los servicios tendría que ser cubierto al 100% por la empresa.

El Diagnóstico fue entregado a Financiera Rural revisado y corregido el día 28 de agosto de 2007 y el Plan de Negocios el 24 de octubre del mismo año.
La línea de crédito quedó autorizada el mes de noviembre de 2007 por un monto de $9´670,000.00 pesos.

A partir del 17 de diciembre de 2007, se ha brindado la asesoría y la capacitación a Ulises López referente a:
A. El planteamiento de metas de descuento de cartera y el procedimiento para descontar dicha cartera ante Financiera Rural.
B. La integración de los expedientes para acceder a los siguientes programas de apoyo:
- Apoyo para la dotación de elementos técnicos y formales.
- Apoyo para la capitalización de IFR.
- Apoyo para la capitalización de reservas liquidas sin derecho a retiro por parte de PIDEFIMER.
- Apoyo para la reducción de costos.
C. Cumplimiento de la normativa vigente de Financiera Rural.

6.1.8. OPERATIVA DE LA SOFOM

El acompañamiento brindado a la SOFOM ha sido constante desde que inicio operaciones en diciembre de 2007. Se ha brindado asesoría y capacitación para que Ulises López y el Gerente contratado Lic. Emilio Flores sean capaces por ellos mismos de:

A. Elaborar los presupuestos anuales

B. Realizar los informes mensuales operativos, que contemple la información básica siguiente:
- Metas de colocación
- Saldos de cartera
- Programa de promoción
- Programa de recuperación de cartera vencida
- Descuento de cartera

C. Diseñen sus propios productos y servicios que va a brindar Financiera del Conchos

D. Diseñen, implementen y capaciten al resto del personal los Procesos y Procedimientos de colocación, administración y recuperación de crédito.

E. Adquieran la habilidad y el conocimiento para la correcta integración de expedientes de crédito que cumpla con la normativa de Financiera Rural.

F. Elaboren y generen sus propios formatos e informes de crédito:
- Solicitud de crédito
- Análisis de crédito
- Buró de crédito
- Registro Público de la Propiedad
- Referencias
- Avalúos
- Contratos
- Estudio técnico o proyecto de inversión
- Estados financieros
- Informe de visita ocular o visita de campo

G. Que la SOFOM lleve un archivo y salvaguarda de valores

6.1.9 SITUACIÓN FINANCIERA DE LA SOFOM

Durante las primeras conversaciones con Ulises me dí cuenta que su idea de constituir una SOFOM era crear el acta constitutiva, darla de alta en el SAT, calificar la línea con Financiera Rural y bajar todos los apoyos y recursos a fondos perdidos, como quien dice hacerse rico de la noche a la mañana sin arriesgar su patrimonio; dado que la CNBV no lo regula, tenía la idea que nadie le exigiría cumplir Leyes y Normativas, que nadie lo supervisaría y que de una manera casera por así decirlo colocaría crédito entre los socios del Grupo Comillas sin la obligación de pagarlo. Por supuesto que esta idea (totalmente errónea) ha cambiado radicalmente y ha aprendido lo que realmente es una SOFOM, lo que realmente es dispersar crédito y como se administra una verdadera microfinanciera.

La capacitación brindada a Ulises sobre la situación financiera de la SOFOM, se ha centrado en:

A. Análisis de los estados financieros
   - Balance
   - Estado de resultados
   - Razones de liquidez
   - Razones de eficiencia
   - Razones de apalancamiento
   - Razones de rentabilidad
B. Seguimiento del presupuesto
C. Análisis de ingresos, gastos y utilidad

6.1.10. NORMATIVA DE LA SOFOM

La capacitación es el eje principal del acompañamiento que se ha realizado con Financiera del Conchos.

En reunión celebrada el 14 de enero de 2008, estando presentes Julio y Ulises López, integrantes del Comité de Crédito de Financiera del Conchos, con el objetivo de definir las facultades y obligaciones de dicho comité, durante dos horas de debate y de una discusión dirigida, ellos definieron las facultades y obligaciones del Comité de crédito quedando formalmente instalado.

En reunión celebrada el 15 de mayo de 2008 con Ulises López en su oficina, se definieron los manuales que serian elaborados, siendo estos los siguientes:
- de crédito
- de operación
- de sistemas
- de contabilidad
- de control interno
- de organización
- de ética
- de lavado de dinero
- de normas y procedimientos
- de riesgos

El 23 de septiembre de 2008, fueron entregados a la SOFOM LOS manuales de:
- de crédito
- de contabilidad
- de control interno
- de organización
- de ética y
- de lavado de dinero

Durante el mes de octubre de 2008, se implementaron y se capacitó al personal para su uso, no participo en dicha capacitación los integrantes del Consejo de Administración alegando no tener tiempo para ello. Desafortunadamente para la empresa y para mí el personal capacitado en todo el proceso crediticio y de la operativa de la SOFOM ha desertado y a la fecha es personal completamente nuevo; lo cual implica, volver a iniciar el programa de capacitación.

6.1.11. MARCO LEGAL

La empresa está conciente y conoce sus obligaciones legales, por lo cual cumple con:

A. Libro de actas debidamente registrado

B. Acta constitutiva y reformas, protocolizadas y registradas

C. Actas de asambleas ordinarias debidamente firmadas

7. RESULTADOS OBTENIDOS

Durante varias secciones de clases de la Maestría y sin el afán de herir susceptibilidades, me preguntaba ¿Para qué abordar los principios psicológicos básicos más importantes que rigen el aprendizaje?, ¿Para que la teoría de Piaget y de Vigotsky? ¿Por qué los métodos conductuales y métodos cognitivos? ¿Qué tiene que ver las Teorías Constructivistas?, ¿Por qué tan importante es el aprendizaje cooperativo y el trabajo en equipo?, ¿Para que me sirve saber como se aprende, como funciona el cerebro, como regula éste la conducta humana?, ¿Para que conocer sobre la definición de aprendizaje, enseñanza, los principios de la semiótica? ¿De que me sirve conocer sobre la Epistemología?, ¿Para que la Didáctica, sus técnicas y sus métodos de enseñanza aprendizaje?, ¿Cuál es la verdadera aplicación del método trabajo aprendizaje?

Erróneamente consideraba que en esta maestría yo debía recibir tecnicismos sobre un diagnóstico, planes de negocios, análisis financieros, interpretación de estados financieros, recetas con datos concretos (técnicos), porcentajes, formas y tiempos de cómo capacitar al productor; debo aclarar que como era 100% técnico, mi paradigma era que la vieja escuela debía continuar.

Desde la oficina preparo todo el material educativo y llegó al productor a hablar, hablar y él a escuchar, si caso tomará alguna nota, otros se aburrirán porque es un tema que no les interesa aprender y tal vez aguanten las horas escuchando mi monótona voz y al final de la tediosa capacitación sólo se perdió tiempo valioso de los capacitandos, dinero de muchos y sobre todo un excelente espacio de trabajo aprendizaje que debió ser aprovechado y terminó tristemente en el cesto de la basura; ¿Todo por qué? Por que yo, como Prestador de Servicios "Profesionales" no conocía el VERDADERO VALOR de la Maestría, ese gran tesoro que sesión a sesión los docentes fueron dejando al descubierto como es el Método Trabajo Aprendizaje, en el cual el PSP asume que las situaciones de trabajo se conviertan en situaciones de aprendizaje, lo que finalmente permitirá que uno cumpla con su papel de verdadero PSP y llegue a todos los actores de la cadena de valor y sobre todo, que el productor se apropie de conocimientos que le permitan abordar todos los eslabones de la cadena productiva que desarrolla, logrando una sustentabilidad y mejor calidad de vida.

El excelente diseño de la Maestría Tecnológica en Prestación de Servicios Profesionales dividida en cuatro módulos, los cuales pretenden promover capacidades, criterios de evaluación, ejes temáticos, procesos, métodos y medios y tiempo de duración, permitió que rompiera mis paradigmas sobre la CAPACITACIÓN, que cambiara y/o desarrollara habilidades y competencias difíciles de lograr en mí, pero fundamentales para capacitar con base en la nueva escuela; para lo cual considero su mejor representante en este tema "LA CAPACITACIÓN OTRA MIRADA Lecciones de experiencias mexicanas de capacitación rural" de IRENE DUCH GARY y otros.

Antes e incluso durante la maestría y antes de leer el libro de Irene Duch, la forma de capacitar de un servidor era la tradicional, la de la vieja escuela, los temas a impartir yo los seleccionaba sin importar a quien iba a capacitar, se planeaba todo antes de ingresar al salón, obviamente yo fijaba los objetivos, planeaba las actividades y elaboraba un examen para calificar la capacitación, la participación del los involucrados era personal, sin importar las competencias individuales y mucho menos las colectivas.

Al termino de la maestría y después de la lectura e interpretación del libro "La Capacitación otra mirada" mi forma de capacitar es totalmente diferente. A partir de entonces, utilizo la estrategia de formación en alternancia que consiste en un proceso de investigación – acción con la participación activa de los interesados, esto implica el acompañamiento en el trabajo cuando desarrollan sus actividades, parte de un diagnóstico inicial, es una capacitación participativa, estrechamente ligada al trabajo, la evaluación es imprescindible y su resultado tiene que expresarse en trabajo, y para poder aplicar la formación en alternancia, uno debe aprender a escuchar, escribir y preguntar y aportar lo pertinente para coadyuvar a la solución de los problemas para lo cual fue solicitada la capacitación.

Las competencias colectivas del equipo pasan al primer plano, los integrantes del equipo expresan los temas de su interés, comparten sus experiencias, la forma de hacer las cosas ó como es más correcto hacerlas y sienten ese orgullo de pertenencia.

No debemos olvidar que la maestría contempla la Evaluación de las Competencias Laborales, para lo cual se asegura que el alumno ponga en juego todo el espectro de conocimientos, habilidades y actitudes que contempla el estándar de calidad de los servicios de capacitación de la Financiera Rural, contemplado en el Manual del Docente y del Tutor, publicación de Financiera Rural, el cual reza de la siguiente manera: (Manual del docente y del tutor Financiera Rural 2006).

3.2.1. ESTÁNDAR DE CALIDAD DE LOS SERVICIOS DE CAPACITACIÓN

a. Propósito: Establecer los criterios y parámetros requeridos para evaluar la calidad de los servicios de capacitación prestados y, en función de ello, certificar la capacidad del prestador de servicios para conducir el proceso de enseñanza aprendizaje que desarrolle los conocimientos y competencias de los participantes para diseñar, instrumentar y operar proyectos productivos o de desarrollo al interior de sus unidades productivas, empresas o intermediarios financieros rurales, según sea el caso.

b. Componentes que debe incluir un servicio integral de capacitación: Un servicio integral de capacitación comprende desde el diagnóstico de las condiciones económicas de los participantes hasta el fortalecimiento de su empresa o intermediario financiero. Un servicio integral de capacitación incluye en consecuencia las siguientes componentes (que en la matriz corresponden a cada fila) y capacidades (que corresponden a cada columna):

Componente 1: Proyección del Desarrollo:

Formar a los participantes para que, conforme a sus condiciones y potencialidades, formulen su plan de negocios o de mercado.

Componente 2: Detección de Necesidades de Servicio:

Formar a los participantes para que identifiquen las necesidades de aprendizaje que les exige la realización de los procesos de trabajo inherentes al plan de negocios y establezcan el programa de aprendizaje que les satisfagan.

Componente 3: Ejecución del Proceso:

Diseñar, instrumentar y conducir la ejecución del plan de negocios y del proceso de enseñanza aprendizaje guiándolo por el programa establecido, ajustándolo a las formas y dinámica de aprendizaje del productor y al avance en la realización del plan.

Componente 4: Retroalimentación del Proceso:

Evaluar y retroalimentar con los participantes, en función del proceso de capacitación, el aprendizaje que han alcanzado y los resultados logrados con su aplicación en los procesos de trabajo generados por el plan de negocios.

c. Capacidades que debe reunir el prestador de servicios:

Capacidad 1: Formación:

Tiene la formación teórica y metodológica requerida para realizar, según el servicio que presta, cada una de las cuatro componentes anteriores que conforman un servicio integral.

Capacidad 2: Instrumental:

Tiene la capacidad para generar los instrumentos requeridos, según el servicio que presta, de cada una de las cuatro componentes del servicio.

Capacidad 3: Pragmática:

Tiene la capacidad para generar los resultados esperados, según el servicio que presta, en cada una de las cuatro componentes del servicio.

d. Al incorporar los parámetros que definen las calificaciones, queda integrada una matriz de matrices que define el estándar.

Antes de la Maestría y durante, al realizar la evaluación del servicio de capacitación, no cumplía con el estándar requerido; considero que después de concluir los módulos teórico - prácticos desarrolle capacidades que me permitieron cumplir con el estándar de calidad de los servicios de capacitación de la Financiera Rural y para efectos de la maestría del ColPos, el eje ordenador del quehacer es precisamente el desarrollo de las capacidades contempladas en el estándar, por lo que considero que igualmente se cumplió este objetivo.

8. RECOMENDACIONES

Con base en la experiencia propia y a los aprendizajes promovidos por mis docentes y tutores, en especial por la Maestra Graciela Aida Velo Amparán, me atrevo a realizar las siguientes recomendaciones a mis colegas Prestadores de Servicios Profesionales:

a) No den por hecho que todo lo saben y que la forma correcta de capacitar es la de Ustedes.

b) Lean el libro de Irene Duch Gary "La capacitación otra mirada", contiene técnicas, herramientas y consejos de cómo Capacitar a productores Mexicanos basándonos en el Método Trabajo – Aprendizaje.

c) Se que es difícil no ser tan técnico, pero deben estar dispuestos a desaprender para aprender; rompan de una vez por todas con esos tecnicismos que recibimos durante la Universidad y que a lo largo de la carrera profesional venimos aplicando.

d) No vean al productor como un campesino de los años 60´s, recuerden que ellos aprenden de igual manera que nosotros, conviertan cada reunión que tengan con ellos en un proceso de retroalimentación, no sólo de conocimientos, sino de experiencias, de análisis y de relaciones humanas; desde ese preciso momento inicia la capacitación, el productor comienza a aprender y enriquecer su concepción de nuestro trabajo como PPS.

e) Olvídense del rol de maestro-alumno, "sabedor-ignorante"; esto lo que hace es entorpecer una verdadera capacitación, inhibe las verdaderas inquietudes de los productores y no se orientan las secciones de trabajo para propiciar la participación de los capacitandos en un sentido crítico, reflexivo, y creativo.

Siguiendo el rol de la capacitación tradicional sólo se logra el papel del "tonto-capacitador"

f) Aprendan a trabajar en equipo; no solo me refiero entre Ustedes y los productores; yo voy más allá, me dirijo a que debemos compartir nuestras experiencias con otros Prestadores de Servicios; evitemos ese celo profesional, tan nefasto que sólo destruye oportunidades de éxito de otros compañeros por que guardamos para sí mismos nuestro supuesto éxito, poniendo en evidencia nuestra inmadurez profesional.

9. REFERENCIAS BIBLIOGRÁFICAS

Colegio de Postgraduados y Financiera Rural. "Programa Integral de Formación, Capacitación y Consultoría para productores e I.F.R.'s. (Cuaderno del Participante).

Duch. G. Irene, *et al.* 2005. "La capacitación otra mirada" Ed. U.P.N. México La Metodología de Trabajo/Aprendizaje: Capacitación para el Desarrollo Rural. Cuaderno de Campo Número 1

FAO. Gestión de agronegocios en empresas asociativas rurales. Guía para el Facilitador.

González G. Jaime. Marco General de la SOFOM en México. Chihuahua 2009

http:/www. Eduteka.org/comoaprendelagente.php3

Manual del docente y del tutor. Financiera Rural. México. 2006.

Marqués, Pere. Concepciones sobre el aprendizaje. UAB 1999.

Mercados, Productos y Diseño de Planes de Negocio. Financiera Rural (Cuaderno del participante), 2006

Programa de Financiamiento para SOFOMES, Financiera Rural, Marzo 2007.

Romero B. Alfonso. Los fundamentos del pensamiento primitivo. Material de trabajo. Chihuahua 2008.

Velo A. Graciela Aida. Fundamento Semiótico. Material de trabajo. Chihuahua 2009.

32950800R00068